Mulheres na Bíblia

no NOVO TESTAMENTO

Publicações
Pão Diário

Mulheres na Bíblia

no NOVO TESTAMENTO

EUNICE FAITH PRIDDY

Women in the Bible
© 2001 by ABWE Publishing under the title *Women in the Bible*.
Originally published in the USA by Bible Basics International. Odessa, Florida, 1986.
Translated and printed with permission. All rights reserved.

Tradução: Claudia Cavaretto Loftis
Revisão: Daniela Mallmann, Rita Rosário, Thaís Soler
Projeto gráfico: Audrey Novac Ribeiro
Desenho da capa: Audrey Novac Ribeiro

Dados Internacionais de Catalogação na Publicação (CIP)

Priddy, Eunice Faith
Mulheres na Bíblia: estudo devocional de Maria a Eunice
Tradução: Claudia Cavaretto Loftis — Curitiba/PR, Publicações Pão Diário
Título Original: *Women in The Bible*

1. Devocional   2. Mulheres na Bíblia   3. Vida Cristã

Proibida a reprodução total ou parcial, sem prévia autorização, por escrito, da editora.
Todos os direitos reservados e protegidos pela Lei 9.610, de 19/02/1998.

Exceto quando indicado no texto, os trechos bíblicos mencionados são da edição Revista e Atualizada de João Ferreira de Almeida © 1993 Sociedade Bíblica do Brasil.

Publicações Pão Diário
Caixa Postal 4190,
82501-970 Curitiba/PR, Brasil
Email: publicacoes@paodiario.org
Internet: www.paodiariopublicacoes.com.br
Telefone: (41) 3257-4028

Código: GR290
ISBN: 978-1-60485-801-3

2.ª edição: 2011 • 4.ª impressão: 2023

Impresso na China

Sumário

Prefácio 7

1. MARIA: A mãe de Jesus: parte 1 9
2. MARIA: A mãe de Jesus: parte 2 15
3. ISABEL: Mulher irrepreensível 23
4. ANA: A viúva que serviu a Deus 29
5. SALOMÉ: Mulher de oração 35
6. A MULHER COM HEMORRAGIA:
   O encontro com o médico dos médicos 41
7. A MULHER SIRO-FENÍCIA:
   Mulher de fé 47
8. UMA MULHER SEM NOME:
   Conhecida como uma pecadora 53
9. MARTA: Anfitriã exemplar 59
10. MARIA: A escolha perfeita 65
11. A MULHER SAMARITANA:
    O poderoso testemunho 73
12. A MULHER ADÚLTERA:
    Encontro com Jesus 79
13. MARIA MADALENA: O verdadeiro perdão 85
14. SAFIRA: A mulher enganosa 91
15. DORCAS: A ajudante generosa 97
16. RODE: A serva perseverante 103
17. LÍDIA: A mulher de negócios 109

18 PRISCILA: Esposa e parceira 117
19 EUNICE: Mãe sábia 123
20 A MULHER VIRTUOSA:
    Provérbios 31 129

Prefácio

PODEMOS SENTIR, EM ALGUNS momentos, dúvidas sobre as nossas ações, se estamos realmente agindo segundo a vontade divina. Se o nosso posicionamento sobre certos valores da sociedade é correto ou até mesmo sobre o julgamento que fazemos da ação de alguém próximo a nós. Afinal, como ter certeza sobre o que é certo aos olhos de Deus?

Justamente porque a Bíblia foi escrita há milhares de anos e por seus ensinamentos serem baseados no contexto da época, as lições que ela nos traz precisam ser estudadas em seus detalhes para que fiquem mais claras. Estas mulheres que encontramos no Novo Testamento podem ajudá-la a compreender os propósitos de Deus para você.

As histórias escritas no Livro Sagrado e explicadas aqui nos dão as respostas que precisamos. Elas são aplicáveis a nós. Veja alguns exemplos positivos e negativos dados pelas personagens:

Marta foi uma excelente anfitriã, mas gastou seu tempo com questões menos importantes do que ouvir as palavras de Jesus. Maria, ao contrário, escolheu entender mais sobre o Reino de Deus por meio das Palavras do Mestre, que ensinava em sua casa.

A mulher com hemorragia sofreu uma mudança positiva no restante de sua vida depois que viveu o milagre de ser curada por Cristo. Eunice criou seu filho Timóteo com sabedoria.

Antes de começar a leitura, ore ao Senhor pedindo que mostre a vontade dele para a sua vida e que estes estudos atendam os seus anseios. Compartilhe estas histórias de vida com outros mulheres ao seu redor. Elas também poderão ter o privilégio de conhecer melhor a palavra de Deus.

Capítulo 1

Maria
A mãe de Jesus
Parte 1

Esta é a primeira parte de nosso estudo sobre Maria, a mãe de Jesus. Através destas lições, estudaremos acerca dos antecedentes de Maria, e o modo como Deus a escolheu para ser a mãe de Jesus, sua resposta à escolha divina, sua submissão, seu serviço e sua dor. Minha oração é que juntas aprendamos a viver nossa vida diária com o mesmo espírito piedoso que Maria teve.

O nome *Maria* é um dos mais comuns que se dá às meninas ao redor do mundo. Toma diversas formas, tais como Mary, Marie, Mariana. Uma forma do nome aparece no Antigo Testamento. Noemi teve seu nome trocado para "Mara" para descrever sua dor e sua amargura. Maria, a mãe de Jesus, também conheceu a profunda dor em sua vida.

Os antecedentes de Maria

Além de sua prima Isabel, não se faz nenhuma menção na Bíblia a respeito da família de Maria. Sabemos que ela se tornou esposa de José, um homem de Nazaré que era filho de Jacó. As Escrituras narram que José e Maria pertenciam à tribo de Judá e eram descendentes de Davi. Lemos isto no livro de Lucas 2:3-5, onde explica por que as pessoas tinham que retornar à sua própria cidade para serem registradas. José e Maria viajaram a Belém para pagar seus impostos. Em Romanos 1:3, Jesus é mencionado como ...*segundo a carne, veio da descendência de Davi.* Sua única conexão com a humanidade é através de Maria, descendente de Davi.

Por toda a vida de Jesus, lemos que Nazaré é mencionada como Sua cidade de origem. Jesus viveu na casa de um carpinteiro, em um lugar sem dúvida nenhuma humilde, em um povoado pobre. Este não é o cenário no qual deveríamos esperar que o Filho de Deus fosse criado. Em João 1:46, Natanael pergunta: *De Nazaré? Pode sair alguma cousa boa?*

O vaso escolhido de Deus

É difícil compreender por que Deus escolheu Maria para ser a mãe de Seu amado Filho, como também é difícil entender como ela o concebeu pelo Espírito Santo em um ventre virginal. Maria havia nascido da mesma forma que nascem todos os seres humanos. Tinha uma natureza pecaminosa, limitações humanas e falhas. Necessitava de um Salvador como qualquer outra pessoa. Não era fisicamente diferente de nós, no entanto, foi escolhida por Deus para conceber Jesus Cristo. Foi eleita para amamentá-lo e cuidar dele durante a infância, e amorosamente guiá-lo durante sua adolescência e com sabedoria materna prepará-lo para a vida adulta.

O caráter de Maria

Embora seja verdade que Maria tenha sido uma mulher como nós, precisamos reconhecer que ela possuía qualidades que faríamos bem em cultivar em nossas vidas. No livro de Lucas 1:26-31, lemos que o anjo Gabriel visitou Maria quando sua prima Isabel estava grávida de seis meses:

> [26]No sexto mês, foi o anjo Gabriel enviado, da parte de Deus, para uma cidade da Galileia, chamada Nazaré, [27]a uma virgem desposada com certo homem da casa de Davi, cujo nome era José; a virgem chamava-se Maria. [28]E, entrando o anjo aonde ela estava, disse: Alegra-te, muito favorecida! O Senhor é contigo. [29]Ela, porém, ao ouvir esta palavra, perturbou-se muito e pôs-se a pensar no que significaria esta saudação. [30]Mas o anjo lhe disse: Maria, não temas; porque achaste graça diante de Deus. [31]Eis que conceberás e darás à luz um filho, a quem chamarás pelo nome de Jesus.

A Palavra de Deus claramente indica que Maria era virgem. Isto nos mostra que ela levava uma vida moralmente pura.

Gabriel honrou Maria ao dirigir-se a ela com a saudação: *Alegre-te, muito favorecida! O Senhor é contigo*. Maria demonstrou humildade porque a Bíblia diz que ela se perturbou diante destas palavras de louvor. Ela não tinha ideia do porquê o anjo se dirigiu a ela com estes termos, conforme relatado no livro de Lucas 1:34-35,38:

> ³⁴Então, disse Maria ao anjo: Como será isto, pois não tenho relação com homem algum? ³⁵Respondeu-lhe o anjo: Descerá sobre ti o Espírito Santo, e o poder do Altíssimo te envolverá com a sua sombra; por isso, também o ente santo que há de nascer será chamado Filho de Deus. [...] ³⁸Então, disse Maria: Aqui está a serva do Senhor; que se cumpra em mim conforme a tua palavra. E o anjo se ausentou dela.

Ela não demonstrou somente pureza e humildade, pois estes versos mostram sua fé e confiança em Deus. Coloque-se no lugar de Maria, imagine como as palavras do anjo modificariam sua vida. Maria fez uma pergunta muito inteligente ao anjo: *Como será isto, pois não tenho relação com homem algum?*

Em seguida a explicação de como se realizaria este milagre — apesar dela não ter entendido — Maria, por fé, entregou voluntariamente seu corpo para ser usado pelo Senhor, dizendo: *Aqui está a serva do Senhor; que se cumpra em mim conforme a tua palavra* (Lucas 1:38).

Ao dizer essas palavras, Maria não somente demonstrou sua fé, mas também sua *submissão* à vontade de Deus. Não podemos entender como o Espírito Santo fundiu a Deidade e a humanidade no ventre de Maria. Porém, quando isso foi feito, toda Escritura se cumpriu com exatidão no nascimento virginal de Jesus Cristo. O fato é que o Senhor Jesus Cristo nasceu de uma virgem e este acontecimento se tornou um alicerce da fé cristã.

A fé que demonstramos ter em nossas vidas é medida por nossa aceitação de que Jesus Cristo é Deus e homem. O apóstolo Paulo diz claramente: ...*vindo, porém, a plenitude do tempo, Deus enviou seu Filho, nascido de mulher...* (Gálatas 4:4). 1 Timóteo 3:16 diz: *Evidentemente, grande é o mistério da piedade: Aquele que foi manifestado na carne, foi justificado em espírito...*

Pensamentos finais

O Senhor honrou Maria mais do que qualquer outra mulher na história ao escolhê-la para ser a mãe de Seu Filho Jesus Cristo. Contudo, devemos ter muito cuidado e não dar a Maria mais honra do que é devida a Deus revelado em Seu Filho Jesus Cristo.

Maria foi um canal, uma pessoa por meio da qual Deus consumou Sua perfeita vontade. Maria demonstrou pureza, humildade, fé e submissão ao plano de Deus para ela. Foi obediente ao ponto de não deter-se em pensar sobre o custo de sua própria reputação. Imagine a reação do povo da cidade ao descobrir que Maria seria uma mãe solteira!

Precisamos recordar que Deus, por meio do Espírito Santo, habita em nossos corpos e também deseja nos usar. Não seremos usadas da mesma maneira que Maria, mas Deus tem um plano perfeito para cada uma de nós. Que resposta daremos a Deus quando Ele quiser nos usar para Sua glória? O livro de 1 Coríntios 6:19-20 nos dá algumas verdades para considerarmos:

> [19] Acaso, não sabeis que o vosso corpo é santuário do Espírito Santo, que está em vós, o qual tendes da parte

de Deus, e que não sois de vós mesmos? ²⁰Porque fostes comprados por preço. Agora, pois, glorificai a Deus no vosso corpo.

Tópicos para discussão
1. O que você sabe sobre os antecedentes de Maria?
2. Quais as responsabilidades de Maria como mãe terrena do Senhor Jesus?
3. Enumere quatro qualidades evidentes da vida de Maria que devemos imitar.
4. Explique por que Maria foi somente um canal usado por Deus e por que não deve ser adorada.
5. Como podemos permitir que Deus nos use para cumprir Seu plano eterno?

Capítulo 2

Maria
A mãe de Jesus
Parte 2

A Bíblia registra as palavras *Bendita entre as mulheres*. Maria certamente pode ser honrada, mas era somente uma mulher. Não devemos adorá-la como ser divino, entretanto, devemos seguir o exemplo de sua vida em obediência a Deus.

A vida de Maria

Dar à luz a Jesus foi o começo da tarefa de Maria como mãe, e não o fim. Jesus esteve em sua casa durante 30 anos antes de começar Seu ministério público. Nunca se esqueça disso: mesmo tendo a natureza humana, Jesus era também Deus, o que significa que Ele era perfeito. Maria não poderia aperfeiçoá-lo mais do que já era. Porém, a Bíblia diz no livro de Lucas 2:51 que Jesus crescia do mesmo modo que as outras crianças, e se submetia a Maria e José enquanto vivia com eles.

Devido à sua condição humilde, José e Maria não puderam dar-lhe bem-estar material, nem podiam apresentá-lo diante de pessoas influentes ou de classes privilegiadas da sociedade. Eles provavelmente não custearam a melhor educação daquele tempo. O que então Maria deu ao seu Filho?

Em primeiro lugar, ela deu-lhe Seu nascimento. Porque nenhum outro humano estava envolvido em Sua concepção, Jesus talvez se parecesse com ela. Talvez ela tenha lhe transmitido suas características físicas.

Complementando, Maria foi uma esposa fiel e uma mãe que deu a Jesus um lar com pais amorosos. Ela se casou com José, que trabalhava duro para prover o sustento de sua família. Maria e José tiveram seus próprios filhos depois do nascimento virginal de Jesus. Nos versículos de Mateus 13:55-56, sabemos que Jesus vivia com quatro meios-irmãos e pelo menos duas meias-irmãs. Jesus teve um lar seguro e cheio de amor maternal.

O serviço de Maria para seu Filho, que também era seu Salvador, é semelhante aos cuidados prestados por uma mãe hoje em dia. Maria foi uma boa mãe, e foi piedosa. A pergunta para todas aquelas que são mães é a seguinte: O que desejamos para nossos filhos? Às vezes, a preocupação por coisas materiais supera as características divinas que deveríamos estar inculcando em nossos filhos.

A dor de Maria

É difícil pensarmos que Maria teve uma vida triste. Afinal de contas, ela foi a eleita de Deus para ser a mãe de Jesus. Ela pôde ouvir o testemunho dos pastores na noite do nascimento de Jesus. Ela viu os sábios do Oriente oferecendo preciosos presentes a Jesus e adorarando seu filho. Enquanto Jesus crescia, Maria podia ver com que perfeição Ele se desenvolvia física e espiritualmente. O livro de Lucas 2:40 diz: *Crescia o menino e se fortalecia, enchendo-se de sabedoria; e a graça de Deus estava sobre ele.*

De onde provinha Seu sofrimento? Sua dor era o cumprimento da profecia que foi feita a José e Maria quando levaram Jesus ao templo para apresentá-lo ao Senhor de acordo com a Lei, conforme está relatado no livro de Lucas 2:27,34-35:

> ²⁷Movido pelo Espírito, foi ao templo; e, quando os pais trouxeram o menino Jesus para fazerem com ele o que a Lei ordenava. [...] ³⁴Simeão os abençoou e disse a Maria, mãe do menino: Eis que este menino está destinado tanto para ruína como para levantamento de muitos em Israel e para ser alvo de contradição ³⁵(também uma espada traspassará a tua própria alma), para que se manifestem os pensamentos de muitos corações.

A *primeira punhalada* que Maria, provavelmente, experimentou em seu coração ocorreu quando Jesus tinha 12 anos. Os versículos do livro de Lucas 2:43,46,49, narram que Jesus permaneceu no templo após Maria e José terem iniciado o retorno para sua casa:

> ⁴³Terminados os dias da festa, ao regressarem, permaneceu o menino Jesus em Jerusalém, sem que seus pais o soubessem. [...] ⁴⁶Três dias depois, o

acharam no templo, assentado no meio dos doutores, ouvindo-os e interrogando-os. [...] ⁴⁹Ele lhes respondeu: Por que me procuráveis? Não sabíeis que me cumpria estar na casa de meu Pai?

Podemos nos solidarizar com a angústia que Maria deve ter sentido quando se deu conta de que Jesus havia desaparecido. Durante três dias seus pais o procuraram. Quando finalmente o encontraram, deve ter sido duro ouvir Jesus dizer na frente de todos no templo: *Não sabíeis que me cumpria estar na casa de meu Pai?*

Apesar de retornar a Nazaré com eles, deve ter sido frustrante para eles observar Jesus separar-se de Sua família terrena e referir-se ao Seu Pai celestial.

Então, chegou o dia em que Jesus deixou Sua casa para começar Seu ministério público. Só podemos imaginar que esta separação física deve ter sido um golpe no coração de Maria.

Maria teve que suportar tristeza ainda maior. A maior delas a feriu como uma espada no dia em que Jesus morreu na cruz. A Bíblia relata no livro de João 19:25 que Maria permaneceu aos pés da cruz. Ela viu a fisionomia desfigurada pelos golpes, viu seu Filho pregado na cruz entre dois ladrões, ouviu a multidão zombar de Jesus, e viu ainda uma lança traspassar em Seu lado.

Embora Jesus tivesse que deixar Seu lar para cumprir com Seu ministério durante os três últimos anos de Sua vida na terra, Maria nunca o abandonou. Jesus também não se esqueceu de Sua mãe. Nos instantes finais na cruz, em meio à profunda dor, Jesus se preocupou que Maria fosse cuidada, conforme lemos no livro de João 19:26-27:

²⁶Vendo Jesus sua mãe e junto a ela o discípulo amado, disse: Mulher, eis aí teu filho. ²⁷Depois, disse ao discípulo: Eis aí tua mãe. Dessa hora em diante, o discípulo a tomou para casa.

A necessidade de Maria de um Salvador

Maria é mencionada novamente no livro de Atos 1:12-14:

¹²Então, voltaram para Jerusalém, do monte chamado Olival, que dista daquela cidade tanto como a jornada de um sábado. ¹³Quando ali entraram, subiram para o cenáculo onde se reuniam Pedro, João, Tiago, André, Filipe, Tomé, Bartolomeu, Mateus, Tiago, filho de Alfeu, Simão, o Zelote, e Judas, filho de Tiago. ¹⁴Todos estes perseveravam unânimes em oração, com as mulheres, com Maria, mãe de Jesus, e com os irmãos dele.

Maria estava presente em um aposento com os discípulos e outras mulheres fiéis, esperando a chegada do Espírito Santo. Ela sabia que seu Filho estava vivo, porém, o mais importante de tudo, é que ela sabia que Ele era o seu Salvador. Maria pertenceu ao primeiro grupo de cristãos, pronta para viver para Deus como devota seguidora de Cristo. É interessante que seu nome não se menciona em primeiro lugar, mas sim, no final de uma extensa lista de pessoas reunidas. Isto nos ensina que Maria nunca deve receber um lugar de preeminência ou ser adorada. O nome de Maria não volta a ser mencionado no Novo Testamento, mas estão mencionados os nomes dos apóstolos que foram os líderes da Igreja primitiva.

Maria não esteve livre do pecado. Ela mesma reconheceu a sua necessidade de libertação do pecado, quando disse no livro de Lucas 1:47: *e o meu espírito se alegrou em Deus, meu Salvador.*

É importante que entendamos claramente esta declaração de que Maria reconheceu e admitiu sua dependência no Senhor Jesus Cristo como seu Salvador pessoal.

Pensamentos finais

Antes de concluir nosso estudo sobre a vida de Maria, devemos considerar as palavras que ela disse na festa de casamento em Caná. Quando o anfitrião encontrou-se em uma situação embaraçosa de não ter vinho suficiente para a festa, Maria falou com Jesus sobre o problema. Também instruiu os serviçais com palavras que são válidas para nós hoje: *Fazei tudo o que ele vos disser.*

Maria reconheceu que Jesus era Filho de Deus e Seu poder vinha de Deus ao falar aos serviçais para que fizessem o que Ele mandasse. Ela demonstrou sua fé, sabendo e crendo que somente Jesus poderia solucionar o problema. Apesar de Maria ser a mãe humana do Senhor Jesus, é evidente que pelos acontecimentos durante este casamento, ela não tinha nenhum poder especial ou capacidade para fazer milagres. O poder pertence somente a Deus. Quem transformou a água em vinho foi Jesus, e não Maria.

De algum modo, Jesus repreendeu Maria quando lhe disse que Sua hora ainda não havia chegado. Se Maria possuísse poder sobrenatural ou parte da condição divina, como alguns proclamam, Jesus não teria falado com ela daquele modo.

Falando com sua mãe desta maneira, Jesus demonstrou que Sua autoridade é superior à de Maria.

Devemos ter cuidado para honrar Maria como uma mulher escolhida e abençoada por Deus, mas não dar-lhe maior autoridade do que o próprio Deus já lhe deu. Façamos o mesmo que Maria disse sobre Jesus aos serviçais na festa: *Fazei tudo o que ele vos disser.*

Peçamos a Deus que nos ajude a sermos obedientes e para que façamos o que Ele nos diz.

Tópicos para discussão

1. Descreva a vida familiar de Jesus com Sua mãe Maria.
2. Qual a responsabilidade mais importante que as mães devem ter para com os seus filhos?
3. Mencione duas ocasiões em que Jesus trouxe tristeza para Sua mãe.
4. De que modo Maria demonstrou seu amor para Jesus mesmo após Ele ter deixado seu lar?
5. Que lições você aprendeu com a vida de Maria?

Capítulo 3

Isabel
Mulher irrepreensível

Isabel: virtuosa e irrepreensível

Isabel foi esposa de Zacarias, um sacerdote, e mãe de João Batista. João foi enviado por Deus para preparar o caminho de Jesus Cristo. A história de Isabel é narrada no livro de Lucas 1:6 que afirma: *Ambos eram justos diante de Deus, vivendo irrepreensivelmente em todos os preceitos e mandamentos do Senhor.* Deus aprovou este casal e a forma de conduzir suas vidas perante Ele.

Deus não nos diz que eles tiveram um lar perfeito, mas, Ele os descreve como pessoas irrepreensíveis. Não importa qual seja nossa situação matrimonial, devemos considerar nosso lar, nosso compromisso pessoal com Deus e Seus mandamentos e ver de que modo afetam nossas vidas. Se Deus estivesse escrevendo sobre você, o que Ele diria sobre seu lar?

Isabel

A desgraça de Isabel e a resposta a Deus

Apesar de sua vida irrepreensível perante o Senhor, o livro de Lucas 1:7 relata que Isabel — como muitas de nós hoje — teve muitos pesares e desapontamentos. *E não tinham filhos, porque Isabel era estéril, sendo eles avançados em dias.* Imaginemos quantas vezes Isabel deve ter orado pedindo a Deus um filho. Naquele tempo e naquela cultura, era uma desgraça para uma mulher não ter filhos. E porque Isabel fazia parte da linhagem sacerdotal, e era casada com um sacerdote, era pior ainda não ter filhos. Quem continuaria o sacerdócio?

Deus enviou Seu anjo Gabriel ao encontro de Zacarias quando este cumpria com seus deveres sacerdotais. É interessante perceber a frequência com que Deus agiu poderosamente enquanto Seus filhos estavam cumprindo tarefas que Ele havia designado. Estas situações nos fazem recordar que devemos nos ocupar com o que Deus quer que façamos.

A promessa de Deus

O anjo disse a Zacarias que Deus havia escutado suas orações. Isabel daria à luz a um filho ao qual dariam o nome de João. O anjo também explicou a Zacarias como deviam educá-lo, qual seria seu trabalho, e como deveria ser recebido no momento de seu nascimento. Zacarias não acreditou no anjo, e perguntou como poderia saber que as coisas que o anjo falara eram verdade. Além disso, ele e sua esposa estavam em idade muito avançada para poderem ter filhos.

Podemos entender o modo de pensar de Zacarias, porque, frequentemente, agimos da mesma maneira. Às vezes, oramos por certas coisas durante muitos anos, e então, quando Deus responde, duvidamos. As dúvidas de Zacarias não paralisaram o plano de Deus. Zacarias recebeu a confirmação que queria. Deus o emudeceu até que o menino nascesse e que lhe dessem o nome.

A Bíblia não nos diz como Isabel reagiu ao ver seu esposo mudo. Mas, ela deve ter acreditado no que ele escrevia para ela. A Bíblia diz que quando Zacarias retornou a casa ao sair do templo, Isabel engravidou e deu graças a Deus. Em Lucas 1:25 ela disse: *Assim me fez o Senhor, contemplando-me, para anular meu opróbrio perante os homens.*

A visita de Maria

Durante sua gravidez, Isabel não saiu de casa por cinco meses. No sexto mês, sua prima Maria, que era solteira e que também estava grávida a visitou. A diferença existente entre ambas era que Maria era a virgem a quem Deus havia escolhido para ser a mãe de Seu Filho, o Messias. Lemos este relato no livro de Lucas 1:39-44:

> [39]Naqueles dias, dispondo-se Maria, foi apressadamente à região montanhosa, a uma cidade de Judá, [40]entrou na casa de Zacarias e saudou Isabel. [41]Ouvindo esta a saudação de Maria, a criança lhe estremeceu no ventre; então, Isabel ficou possuída do Espírito Santo. [42]E exclamou em alta voz: Bendita és tu entre as mulheres, e bendito o fruto do teu ventre! [43]E de onde me provém que me venha visitar a mãe do meu Senhor? [44]Pois, logo que me chegou aos ouvidos a voz da tua saudação, a criança estremeceu de alegria dentro de mim.

Isabel

Coloquemo-nos em lugar de Isabel. Como reagiríamos se uma integrante de nossa família estivesse grávida e fosse solteira? Quaisquer que fossem os sentimentos de Isabel, ela foi obediente ao Espírito Santo, e sabia que o filho que Maria esperava era muito especial. Deus também a usou para confortar e alentar Maria, pois esta deve ter sentido muito medo do que as pessoas pensariam sobre sua gravidez. Todavia, Isabel a recebeu dando-lhe apoio. Isabel foi a primeira mulher registrada na Bíblia em confessar verbalmente que Jesus era o Senhor.

O livro de Lucas 1:56 afirma que Maria permaneceu na casa de Isabel por mais ou menos três meses. Estas primas devem ter conversado sobre os milagres que Deus havia realizado em suas vidas. Não é admirável o fato de Maria lembrar-se de todas essas coisas mesmo após o nascimento de Jesus? Sem dúvida, ela e Isabel chegaram a sentir uma profunda reverência a respeito da obra do Senhor em suas vidas.

A promessa cumprida

O livro de Lucas 1:57-64 registra o nascimento do filho de Isabel:

> [57]A Isabel cumpriu-se o tempo de dar à luz, e teve um filho. [58]Ouviram os seus vizinhos e parentes que o Senhor usara de grande misericórdia para com ela e participaram do seu regozijo. [59]Sucedeu que, no oitavo dia, foram circuncidar o menino e queriam dar-lhe o nome de seu pai, Zacarias. [60]De modo nenhum! Respondeu sua mãe. Pelo contrário, ele deve ser chamado João. [61]Disseram-lhe: Ninguém há na

tua parentela que tenha este nome. ⁶²E perguntaram, por acenos, ao pai do menino que nome queria que lhe dessem. ⁶³Então, pedindo ele uma tabuinha, escreveu: João é o seu nome. E todos se admiraram. ⁶⁴Imediatamente, a boca se lhe abriu, e, desimpedida a língua, falava louvando a Deus.

Os familiares e vizinhos se alegraram com Zacarias e Isabel pelo nascimento de seu filho. O casal era bem conhecido na cidade, e todos glorificaram a Deus ao regozijarem-se com eles.

Apesar de sua impossibilidade de falar, Zacarias e Isabel haviam concordado com a ordem do anjo de dar o nome de João ao menino. A devoção mútua deste casal e sua obediência ao mandamento de Deus foi um testemunho para todos os que estavam presentes quando o bebê recebeu seu nome. Todos estavam maravilhados com a união do casal.

Seu filho, chamado João, foi um homem muito especial e teve o privilégio de preparar o caminho do Messias. Isabel reconheceu imediatamente que Maria era a escolhida para ser a mãe do Messias. Não existem evidências que Isabel tivesse pensado que ela deveria ser eleita por ser mais velha e mais sábia. Este espírito de humildade deve haver influenciado muito a vida de João. Lemos as palavras de João sobre o Senhor Jesus Cristo: *Convém que ele cresça e que eu diminua* (João 3:30).

Pensamentos finais

Pensemos por um momento sobre o tipo de mulheres que somos:

- Somos mulheres às quais outras podem aproximar-se em busca de conforto, maior segurança e comunhão espiritual, tal como Maria foi capaz de encontrar em Isabel?
- Estamos prontas a ajudar as pessoas necessitadas ao nosso redor?
- Estamos fazendo fielmente o que Deus quer que façamos?
- Queixamo-nos e reclamamos das circunstâncias em nossas vidas?
- Estamos dispostas a crer em Deus quando Ele responde nossas orações?

Entreguemos nossas vidas ao controle de Deus. Em seguida, com a ajuda dele, façamos o propósito de andar em obediência aos Seus mandamentos.

Tópicos para discussão

1. O que significa andar irrepreensível perante os olhos de Deus?
2. Por que a gravidez de Isabel foi algo sem igual?
3. De que maneira Isabel ajudou Maria?
4. Por que foi importante o momento da gravidez de Isabel?
5. Que lições Zacarias aprendeu com nascimento de seu filho?

Capítulo 4

Ana
A viúva que serviu a Deus

Este estudo se refere à profetisa Ana, uma das únicas duas mulheres mencionadas no Novo Testamento com esse título. Outras mulheres eram chamadas profetisas, no Novo Testamento porém, seus nomes não foram mencionados.

Antecedentes de Ana

A Bíblia não nos diz por que a chamavam de profetisa Ana. Sabemos que ela era viúva. Talvez seu esposo tivesse sido um profeta, ou talvez, Deus lhe tivesse dado discernimento especial sobre o futuro. Qualquer que seja a razão, a Bíblia nos diz que ela era profetisa, conforme lemos no livro de Lucas 2:36-37:

³⁶Havia uma profetisa, chamada Ana, filha de Fanuel, da tribo de Aser, avançada em dias, que vivera com seu marido sete anos desde que se casara ³⁷e que era viúva de oitenta e quatro anos. Esta não deixava o templo, mas adorava noite e dia em jejuns e orações.

Ana viveu numa época durante a qual o Império Romano dominava completamente o mundo Mediterrâneo. O domínio romano estabelecia sua filosofia, seu estilo de vida materialista e suas crenças religiosas, que se opunham à ideia da vinda do Messias.

Entretanto, Ana era fiel a Deus. Trabalhava fielmente no templo e não se distraía com as coisas ao seu redor. Ela deve ter esperado ansiosamente a vinda do Messias para redimir Israel do domínio de Roma. Certamente, ela ouvira as profecias concernentes ao nascimento de Cristo durante os anos que trabalhara no templo.

Isaías era um dos livros proféticos em que, geralmente, se lia no templo. Ana deve ter escutado as predições relacionadas ao nascimento de Jesus, conforme Isaías 7:14: *Portanto, o Senhor mesmo vos dará um sinal: eis que a virgem conceberá e dará à luz um filho, e lhe chamará Emanuel.*

Ana poderia estar familiarizada com a profecia em Miqueias 5:2, que predisse o lugar de nascimento de Jesus: *E tu, Belém-Efrata, pequena demais para figurar como grupo de milhares de Judá, de ti me sairá o que há de reinar em Israel, e cujas origens são desde os tempos antigos, desde os dias da eternidade.*

As circunstâncias na vida de Ana

Ana foi casada por sete anos até que seu marido morreu. Não tinha filhos, e foi viúva por 84 anos, quando a Bíblia menciona seu nome pela primeira vez. Provavelmente, ela tinha mais de 100 anos!

Pensando nas pessoas que têm abençoado minha vida pessoal, recordo-me de algumas mais idosas do que eu. Um dos maiores dons da Igreja hoje talvez sejam os cristãos mais idosos. Quando estamos com eles, podemos sentir a realidade de sua longa caminhada com o Senhor, suas faces brilham com o amor de Deus e falam com sabedoria. Se você é uma pessoa mais idosa, não se sinta como se tivesse perdido todo o seu valor. Deus continua a precisar de pessoas mais idosas em Seu serviço.

Ana era viúva, sabia o que significava estar só. Ela poderia isolar-se, sentir autocomiseração ou poderia entrar em depressão. Poderia ter se irado contra Deus por ter levado seu marido quando ainda era muito jovem. Entretanto, a Bíblia nos mostra outro quadro. Ana era uma mulher muito ativa, que trabalhava muitas horas no templo de Deus.

Ana é um bom exemplo do que se diz em 1 Coríntios 4:2: *Ora, além disso, o que se requer dos despenseiros é que cada um deles seja encontrado fiel.* Deus espera que sejamos fiéis e confiáveis com nossos bens materiais, bênçãos e capacidades, quaisquer que sejam as circunstâncias em que Ele nos colocar.

Além do seu trabalho no templo, Ana orava e jejuava regularmente. Ela dava mais importância ao trabalho de Deus do que aos seus desejos pessoais. Estava disposta a negar-se a si mesma para trabalhar para o Senhor.

Ana vê o Messias

Um dia quando Ana foi ao templo, Deus permitiu-lhe ver o Messias com seus próprios olhos. De acordo com o costume dos judeus, Jesus tinha ao redor de 40 dias quando Maria e José o levaram ao templo e o dedicaram a Deus. Um homem piedoso, chamado Simeão foi o primeiro a quem José e Maria apresentaram o menino Jesus.

Enquanto Simeão louvava ao Senhor por permitir-lhe viver o suficiente para ver o Filho de Deus, Ana entrou no templo e uniu-se a ele em adoração. Pela fé, ela começou a dizer aos outros sobre a provisão redentora de Deus. O último relato que lemos sobre Ana está no livro de Lucas 2:38: *E, chegando naquela hora, dava graças a Deus e falava a respeito do menino a todos os que esperavam a redenção de Jerusalém.*

Pensamentos finais

O que podemos aprender com a vida de Ana? Vimos que Ana era uma viúva de avançada idade, uma devota adoradora de Deus e também uma profetisa, mas creio que podemos vê-la também de outra forma. As palavras finais da Bíblia a respeito de Ana dizem que ela falou a todos sobre a vinda do Messias. Ela foi testemunha da redenção proveniente de Cristo Jesus. Depois de muitos anos esperando, orando e jejuando, teve a alegria de transmitir as boas novas da chegada do Redentor.

Com que frequência — se é que existe alguma — vemos as mulheres em nossas vidas agitadas, ansiosamente antecipando a segunda vinda de Cristo? O apóstolo João escreveu essas palavras como oração: *Certamente, venho sem demora. Amém. Vem, Senhor Jesus!* (Apocalipse 22:20). Quando foi a última vez que oramos pela vinda do Senhor Jesus? Somos corajosas em anunciar àqueles ao nosso redor que Jesus voltará?

Ana de nenhuma forma se deixou levar por autocomiseração. A depressão e a autocompaixão são tentações comuns entre as mulheres. Precisamos superá-las e mantermo-nos ocupadas com a obra de Deus. Como Ana, devemos ser fiéis na oração, no conhecimento das Escrituras e devemos nos ocupar com a obra de Deus. Durante 84 anos, Ana ouviu as profecias lidas no templo. Conhecia o que a Palavra de Deus dizia e esperava pela vinda do Messias guardando a Palavra. Como Ana, devemos estar na expectativa da segunda vinda do Messias. O livro de Hebreus 9:28 afirma: *Assim também Cristo, tendo-se oferecido uma vez para sempre para tirar os pecados de muitos, aparecerá segunda vez sem pecado, aos que o aguardam para a salvação.*

Ao concluirmos este estudo, façamos uma pausa por alguns minutos e oremos. Louvemos ao Senhor por Suas bênçãos, então, trabalhemos e vivamos como se esperássemos plenamente o regresso do Senhor no curso de nossas vidas. Pode ser que ocorra hoje mesmo!

Tópicos para discussão

1. Descreva o período da história em que Ana viveu.
2. Como Ana preenchia seus dias?
3. Qual foi a reação de Ana ao ver o Messias?
4. Como podemos viver na expectativa da segunda vinda de Jesus?
5. Cite três bons exemplos da vida de Ana que podem ser de proveito para nós

Capítulo 5

Salomé
Mulher de oração

Nos capítulos seguintes as lições do Novo Testamento serão apresentadas na ordem em que aparecem na Bíblia. Porém, isto nem sempre coincide com o período cronológico em que os eventos ocorreram, mas é um modo conveniente de encontrar as histórias na Bíblia.

A mulher que estudaremos neste capítulo chama-se Salomé. Ela era esposa de Zebedeu e mãe de Tiago e João, dois dos 12 apóstolos de Jesus.

Sua família

Zebedeu, marido de Salomé, era um pescador bem-sucedido que tinha muitos empregados. Quando Jesus o viu pela primeira vez, ele estava ocupado preparando suas redes de pescar com seus dois filhos. Jesus chamou seus filhos e pediu-lhes que o seguissem. Aparentemente, Zebedeu não hesitou em permitir que seus filhos fossem. O Evangelho de Marcos 1:20 relata: *E logo os chamou. Deixando eles no barco a seu pai Zebedeu com os empregados, seguiram após Jesus.* Tiago e João deixaram tudo que lhes era familiar para seguir a Jesus.

Embora a Bíblia não nos diga muito a respeito da vida familiar de Zebedeu e Salomé, sabemos que ela foi uma das mulheres que seguia a Jesus e ajudava a servi-lo. Tiago e João podiam seguir o exemplo da vida de seus pais. Parece-nos que Zebedeu e Salomé ensinaram as Escrituras aos seus filhos e criam na vinda do Messias. Estavam unidos em seu amor por Deus e em sua disposição ao permitir que seus filhos deixassem o meio familiar para seguir ao Senhor Jesus. Não sabiam quando ou se alguma vez, Tiago e João retornariam ao seu lar.

Uma seguidora de Jesus

Observando outra passagem da Bíblia, encontramos Salomé com o grupo de mulheres na crucificação de Jesus. No momento mais sombrio da vida de Jesus quando os Seus discípulos, incluindo os filhos de Salomé, afastaram-se dele; as mulheres observavam Jesus a certa distância. Salomé estava entre estas mulheres, como relata Marcos 15:40-41:

> [40]Estavam também ali algumas mulheres, observando de longe; entre elas, Maria Madalena, Maria, mãe de Tiago, o menor, e de José, e Salomé; [41]as quais, quando Jesus estava na Galileia, o acompanhavam e serviam; e, além destas, muitas outras que haviam subido com ele para Jerusalém.

No livro de Marcos 16, Salomé faz parte do grupo de mulheres que ungiu o corpo de Jesus. Esteve presente durante o momento mais escuro da crucificação, bem como durante a gloriosa manhã de Ressurreição. O livro de Marcos 16:1-2, 5-7, registra que estas mulheres foram as primeiras a escutar as boas-novas de que Jesus havia ressuscitado dentre os mortos:

> ¹Passado o sábado, Maria Madalena, Maria, mãe de Tiago, e Salomé, compraram aromas para irem embalsamá-lo. ²E, muito cedo, no primeiro dia da semana, ao despontar do sol, foram ao túmulo. [...] ⁵Entrando no túmulo, viram um jovem assentado ao lado direito, vestido de branco, e ficaram surpreendidas e atemorizadas. ⁶Ele, porém, lhes disse: Não vos atemorizeis; buscais a Jesus, o Nazareno, que foi crucificado; ele ressuscitou, não está mais aqui; vede o lugar onde o tinham posto. ⁷Mas ide, dizei a seus discípulos e a Pedro que ele vai adiante de vós para a Galileia; lá o vereis, como ele vos disse.

Sua ambição

Salomé era dedicada a Jesus e o reconhecia como o Messias. Cria que um dia Jesus assumiria o poder de um reino terreno. Como outras mães, tinha ambições para seus filhos. Ela sabia que eles eram próximos de Jesus, e por essa razão se dirigiu a Jesus com grande audácia e pediu que fosse dado aos seus filhos um lugar de honra em Seu Reino. Ela pediu que um dos seus filhos se assentasse à direita e o outro à esquerda de Jesus quando Ele se sentasse em Seu trono — lugares reservados para o segundo e terceiro governantes de um reino. Aqui está o que Salomé disse, conforme lemos no livro Mateus 20:20-23:

> [20]Então, se chegou a ele a mulher de Zebedeu, com seus filhos, e, adorando-o, pediu-lhe um favor. [21]Perguntou-lhe ele: Que queres? Ela respondeu: Manda que, no teu reino, estes meus dois filhos se assentem, um à tua direita, e o outro à tua esquerda. [22]Mas Jesus respondeu: Não sabeis o que pedis. Podeis vós beber o cálice que eu estou para beber? Responderam-lhe: Podemos. [23]Então, lhes disse: Bebereis o meu cálice; mas o assentar-se à minha direita e à minha esquerda não me compete concedê-lo; é, porém, para aqueles a quem está preparado por meu Pai.

Este pedido incomum feito por Salomé nasceu de seu orgulho maternal e seu desejo de obter o melhor para seus filhos. Ela não se deu conta que o sofrimento seria a parte principal do reino. Jesus repreendeu Salomé por sua ambição, e corrigiu o erro de conceito que evidenciava seu pedido. Ele respondeu de um modo que nem Salomé nem seus filhos esperavam. Jesus simplesmente lhes disse que quanto mais perto estivessem de Seu trono, mais teriam que compartilhar em Seus sofrimentos.

A história nos diz que ambos Tiago e João, compartilharam, de fato, o sofrimento de Jesus. Acredita-se que Tiago foi o primeiro apóstolo mártir, e João que sobreviveu aos outros, foi exilado na ilha de Patmos.

Acredito que tanto Salomé quanto seus filhos, aprenderam muito como seguidores de Jesus. Através deste incidente, vemos como Jesus lhes ensinou o conceito de quem é grande no Reino de Deus. Mateus 20:25-27 afirma:

> [25]Então, Jesus, chamando-os, disse: Sabeis que os governadores dos povos os dominam e que os maiorais exercem autoridade sobre eles. [26]Não é assim entre vós; pelo contrário, quem quiser tornar-se grande entre vós, será esse o que vos sirva; [27]e quem quiser ser o primeiro entre vós será vosso servo; [28]tal como o Filho do Homem, que não veio para ser servido, mas para servir e dar a sua vida em resgate por muitos.

Pensamentos finais

Devemos tomar cuidado com as críticas ao pedido de Salomé em favor de seus filhos. Lembremo-nos das lições positivas que ela lhes ensinou. Devemos aprender a apreciar a extensão da influência cristã sobre nossos filhos. Muitas vezes, devido às orações de uma mãe e seu testemunho consistente, os filhos entregam suas vidas a Deus durante a juventude.

Quando esses filhos tornam-se adolescentes, a fé em Deus que observam no exemplo de seus pais piedosos constitui um poderoso antídoto contra o pecado. Não existe felicidade comparável a dos pais cristãos que vivem o suficiente para observar seus filhos andando nos caminhos de Deus e dedicados ao Seu serviço. Como Salomé amava ao Senhor, sua alegria deve ter sido superabundante, pois seus dois filhos tornaram-se discípulos de Jesus e o seguiram fielmente até o fim de suas vidas.

Podemos aprender algo de Salomé. Ela fez um pedido a Jesus que não deveria ser feito. De maneira similar, muitas vezes, pedimos a Deus coisas que não deveríamos pedir. Nem sempre é fácil saber o que pedir. João nos orienta no livro de 1 João 3:21-22:

> ²¹Quem pratica a verdade aproxima-se da luz, a fim de que as suas obras sejam manifestas, porque feitas em Deus. ²²Depois disto, foi Jesus com seus discípulos para a terra da Judeia; ali permaneceu com eles e batizava.

Se guardarmos os mandamentos do Senhor e fizermos as coisas que lhe agradam, poderemos orar com confiança. Se estivermos vivendo para Deus, Ele mesmo nos guiará em nossa vida de oração. Encontrar-nos-emos pedindo de acordo com Sua vontade porque vivemos conforme o Seu querer. Então, se alguma vez pedirmos algo que não devemos, o Espírito Santo nos fará saber, assim como Jesus permitiu que Salomé soubesse que sua petição era indevida. Peçamos a Deus que nos ajude a sermos mulheres que oram de acordo com Sua vontade.

Tópicos para discussão

1. Quais foram os exemplos de vida piedosa Salomé deu aos seus filhos?
2. Mencione dois grandes acontecimentos ocorridos na vida de Jesus enquanto Salomé esteve presente.
3. Por que ela pediu posições de honra para seus filhos?
4. O que ela não compreendeu?
5. Destaque três lições que você pode aprender através da vida de Salomé.

Capítulo 6

A mulher com hemorragia
O encontro com o médico dos médicos

Com frequência, pensamos que é natural o nosso corpo ser saudável e forte. Quando foi a última vez que você agradeceu a Deus por sua saúde? Apesar de muitas vezes eu me sentir doente, gosto de sentir-me em boa saúde. Talvez, por essa razão me identifico com as mulheres na Bíblia que sofreram fisicamente.

A mulher com hemorragia

Este estudo bíblico é sobre uma mulher que sofreu de hemorragia por 12 anos. Ela havia consultado vários médicos, mas nenhum deles pôde ajudá-la. E para dificultar a situação, a procura por tratamento custou-lhe muito dinheiro.

Mas um dia tudo mudou; ela encontrou Jesus. Ele não somente a curou, mas também elogiou sua fé publicamente.

A mulher com hemorragia

Antecedentes desta história

Você consegue imaginar esta mulher? Provavelmente parecia fraca, cansada, abatida e desencorajada. Pode ser que andasse mal vestida por ter investido muito dinheiro em tratamentos.

Os quatro primeiros livros no Novo Testamento — os Evangelhos — relatam a vida e o ministério de Jesus Cristo enquanto Ele viveu na Terra. A história que estamos estudando agora está descrita em três dos quatro evangelhos: Mateus, Marcos e Lucas.

Jesus não somente mudou a vida desta mulher, mas também o tratamento dela produziu uma forte impressão nos discípulos de Jesus. A Bíblia descreve esta situação no livro de Marcos 5:25-26:

> ²⁵Aconteceu que certa mulher, que, havia doze anos, vinha sofrendo de uma hemorragia ²⁶e muito padecera à mão de vários médicos, tendo despendido tudo quanto possuía, sem, contudo, nada aproveitar, antes, pelo contrário, indo a pior...

Até mesmo Lucas, que era médico, em seu relato da história, admite que os médicos não puderam curá-la (Lucas 8:43). É muito difícil para um médico reconhecer que não há nada que a medicina possa fazer para curar uma pessoa enferma.

No livro de Levítico 15:19-33, lemos as leis que Deus deu aos israelitas referentes ao que as mulheres podiam ou não fazer quando tivessem fluxo de sangue, fosse sua menstruação normal, por uma situação pós-parto ou uma condição ginecológica de hemorragia crônica. Esta última parece ter sido a situação da mulher neste estudo. Uma mulher em suas condições era considerada imunda e rejeitada pela sociedade até que pudesse ser considerada limpa novamente.

No livro de Romanos 6:14, Paulo diz: ...*pois não estais debaixo da Lei e sim da graça*. Jesus demonstrou a verdade escrita neste verso demonstrando Sua misericórdia a esta mulher. Não a repreendeu nem a castigou por desobedecer à lei do Antigo Testamento, a qual proibia estar em público ou tocar a roupa de outra pessoa.

As mulheres de hoje desfrutam a liberdade de não precisarem isolar-se ou exilar-se de outros cristãos ou familiares, por uma condição biológica ou médica que produza hemorragia. Durante a menstruação, após um parto ou em qualquer circunstância da vida, as mulheres têm liberdade de participar da Ceia, servir a Deus e desfrutar da comunhão da igreja.

Sua extraordinária fé

Sendo considerada impura e tratada como uma excluída é surpreendente a coragem que esta mulher teve ao aproximar-se de Jesus em meio à multidão. Sua fé foi notável. Ela parecia ser guiada por um único pensamento e propósito: queria chegar perto de Jesus suficientemente para tocar o Seu manto. Isto não só demonstrou sua fé como também sua tremenda humildade. Lemos o desfecho da história em Marcos 5:27-34:

> [27]tendo ouvido a fama de Jesus, vindo por trás dele, por entre a multidão, tocou-lhe a veste. [28]Porque, dizia: Se eu apenas lhe tocar as vestes, ficarei curada. [29]E logo se lhe estancou a hemorragia, e sentiu no corpo

estar curada do seu flagelo. ³⁰Jesus, reconhecendo imediatamente que dele saíra poder, virando-se no meio da multidão, perguntou: Quem me tocou nas vestes? ³¹Responderam-lhe seus discípulos: Vês que a multidão te aperta e dizes: Quem me tocou? ³²Ele, porém, olhava ao redor para ver quem fizera isto. ³³Então, a mulher, atemorizada e tremendo, cônscia do que nela se operara, veio, prostrou-se diante dele e declarou-lhe toda a verdade. ³⁴E ele lhe disse: Filha, a tua fé te salvou; vai-te em paz e fica livre do teu mal.

Como Jesus a curou

É interessante que Jesus chamou-a de Filha. Talvez porque ela era filha de Abraão, ou seja, que era descendente espiritual de Abraão. Mas este é também um termo usado para fazer alguém sentir que pertence à nossa família e que é importante para nós. Creio que Jesus mostra Sua compaixão ao dirigir-se a ela usando essa palavra.

Quando Jesus disse *a tua fé te salvou,* essas palavras devem ter trazido paz e alegria àquela mulher. Imagine a diferença entre o que Jesus disse comparado com o que os médicos lhe tinham dito! A Bíblia indica que ela foi curada instantaneamente ao tocar o manto de Jesus, antes mesmo de o Senhor ter falado com ela.

A esta altura, a multidão que seguia Jesus deveria estar pensando sobre o que estava acontecendo. No meio da multidão, Jesus havia perguntando quem o havia tocado. Nem mesmo os discípulos podiam acreditar que Ele fizera tal pergunta.

Talvez Jesus quisesse que a mulher confessasse publicamente sua fé nele. Ela demonstrou coragem ao ir entre a multidão e seguir a Jesus. Porém, demonstrou maior coragem ainda ao admitir que havido sido ela quem tocara no manto de Jesus, prostrando-se aos Seus pés.

A Bíblia relata que a mulher contou sua história a Jesus, mas é claro que Ele já sabia tudo sobre ela. Então, Ele escutou-a pacientemente. O Senhor Jesus quer ouvir nossas preocupações, apesar de já conhecê-las.

Jesus se compadece

Outro aspecto incrível deste relato é que Jesus estava indo curar outra pessoa — a jovem filha de Jairo. Mesmo com sua mente ocupada com o que Ele viria a fazer, Jesus foi sensível às necessidades desta mulher. Assim como teve tempo para se compadecer nessa oportunidade, Ele também tem tempo para mostrar-nos Sua compaixão.

O livro de Marcos 5:32 narra que Jesus sabia quem era esta mulher. Naturalmente, ela deve ter sentido medo, tentara passar despercebida, mas Jesus tornou pública aquela situação. Talvez, Ele quisesse que cada pessoa da multidão soubesse que ela estava limpa e poderia viver entre eles novamente. O Senhor disse-lhe para ir em paz.

Pensamentos finais

A Bíblia afirma claramente que a fé daquela mulher a curou. Não foi curada por ter tocado o manto de Jesus. Algumas pessoas têm um conceito equivocado. Creem que pelo fato de tocarem um objeto sagrado ou tomarem água benta, Deus irá realizar um milagre. Efésios 2:8-9 declara que a nossa salvação não é obtida por meio das boas obras que viermos a realizar. Tampouco, recebemos algum mérito nem benefício especial por fazermos tais coisas: *Porque pela graça sois salvos, mediante a fé; e isto não vem de vós; é dom de Deus; não de obras, para que ninguém se glorie.*

A cura da mulher aconteceu porque ela teve fé em Jesus Cristo. O livro de Hebreus 11:6 afirma: *De fato, sem fé é impossível agradar a Deus, porquanto é necessário que aquele que se aproxima de Deus creia que ele existe e que se torna galardoador dos que o buscam.*

Pense por um momento em si mesma. Quando Deus olha para você, Ele vê sua fé? Você pode sentir-se completamente digna perante Ele como esta mulher foi? Espero que sim. Então, você também poderá ver Deus trabalhando poderosamente em sua vida.

Tópicos para discussão

1. Mencione três características que esta mulher demonstrou em sua vida.
2. Nomeie três lições de Jesus nesta situação.
3. Por que Jesus permitiu que este assunto particular se tornasse público?
4. O que curou esta mulher: sua fé, as palavras de Jesus ou o toque nas vestes santas?
5. Por que esta história se repete em três dos quatro evangelhos?

Capítulo 7

A mulher siro-fenícia
Mulher de fé

N ESTA LIÇÃO VAMOS ESTUDAR outra mulher que exerceu uma grande fé. Devido à sua persistente fé em pedir algo a Jesus, recebeu uma maravilhosa resposta a um grande problema que tinha em sua vida. Esta história me faz lembrar que Deus escuta minhas orações mesmo quando a resposta parece ser não.

Antecedentes

Pouco antes de ocorrer este fato, Jesus havia alimentado uma multidão de cinco mil pessoas. Depois, o Senhor foi sozinho ao monte para orar. Enquanto orava, Seus discípulos estavam em um barco no meio do mar. Uma tempestade começou a soprar contra eles e os discípulos precisavam de ajuda. Então, Jesus foi ter com eles, andando por sobre o mar.

A mulher siro-fenícia

Quando Jesus e Seus discípulos desembarcaram do outro lado, multidões que sofriam todo tipo de enfermidade esperavam por Ele. Tanto Jesus quanto Seus discípulos estavam cansados e esgotados. Os fariseus faziam perguntas a Jesus com a finalidade de obterem uma prova para acusá-lo. Neste momento, Jesus decidiu afastar-se da multidão, desejando que ninguém soubesse onde Ele estava.

Ele saiu daquele lugar e foi para os arredores de Tiro e de Sidom, que era um distrito de gentios situado no norte da Galileia, onde ocorre a história que estudaremos agora. Lemos sobre esta mesma história nos Evangelhos de Mateus e Marcos.

A mulher vai até Jesus

O livro de Marcos 7:24-26 narra a primeira parte da história:

> [24]Levantando-se, partiu dali para as terras de Tiro [e Sidom]. Tendo entrado numa casa, queria que ninguém o soubesse; no entanto, não pôde ocultar-se, [25]porque uma mulher, cuja filhinha estava possessa de espírito imundo, tendo ouvido a respeito dele, veio e prostrou-se-lhe aos pés. [26]Esta mulher era grega, de origem siro-fenícia, e rogava-lhe que expelisse de sua filha o demônio.

Quando esta mulher nos é apresentada, a primeira imagem é de uma mãe preocupada. Coloquemo-nos em seu lugar e imaginemos a angústia e desgaste físico que ela deve ter sentido ao cuidar de sua filha.

Durante o início de Seu ministério, Jesus concentrou Suas ações primeiramente no povo judeu. O livro de João 1:11 revela que *Ele veio para o que era seu*. Para uma mulher cuja filha estava gravemente enferma, não fazia diferença ser da raça grega e falar outra língua. Ela ouviu o que Jesus havia feito por outros e se dirigiu a Ele buscando ajuda. Estava tão preocupada com sua filha que nem sequer pensou no fato de ser de origem gentílica e Jesus ser um judeu. Seu amor de mãe levou-a humildemente a Jesus para apresentar seu pedido perante Ele.

Sua conversa com Jesus

A conversa entre Jesus e esta mulher é narrada no livro de Mateus 15:22-28:

> [22] E eis que uma mulher cananeia, que viera daquelas regiões, clamava: Senhor, Filho de Davi, tem compaixão de mim! Minha filha está horrivelmente endemoninhada. [23] Ele, porém, não lhe respondeu palavra. E os seus discípulos, aproximando-se, rogaram-lhe: Despede-a, pois vem clamando atrás de nós. [24] Mas Jesus respondeu: Não fui enviado senão às ovelhas perdidas da casa de Israel. [25] Ela, porém, veio e o adorou, dizendo: Senhor, socorre-me! [26] Então, ele, respondendo, disse: Não é bom tomar o pão dos filhos e lançá-lo aos cachorrinhos. [27] Ela, contudo, replicou: Sim, Senhor, porém os cachorrinhos comem das migalhas que caem da mesa dos seus donos. [28] Então, lhe disse Jesus: Ó mulher, grande é a tua fé! Faça-se contigo como queres. E, desde aquele momento, sua filha ficou sã.

A mulher siro-fenícia

Reconheceu seu lugar
Após esta mãe ter apresentado seu pedido, parecia que Jesus a tinha ignorado. Ela, com certeza, irritou os discípulos e eles queriam que Jesus a mandasse embora. Porém, Jesus não o fez. Por fim, Ele respondeu-lhe dizendo que não estava certo tirar o pão dos filhos e lançá-los aos cachorrinhos. Ao falar isto, Jesus queria dizer que por ela não ser judia, ela não tinha direito de receber as mesmas bênçãos previstas para os judeus. A mulher teve que entender isto antes que Jesus pudesse ajudá-la.

Não podemos deixar de nos surpreender com a perseverança que esta mulher demonstrou. Ela não se sentiu desencorajada ou deixou sua fé vacilar diante das palavras de Jesus. Ela afirmou que estava de acordo com Jesus, e pediu somente as migalhas. Ao fazer isto, reconheceu que não tinha direito a obter o que pedia, mas mesmo assim, pediu que sua filha fosse curada.

Naquele momento, a mulher foi vitoriosa. Jesus reconheceu sua fé e sua filha foi curada. Ele nem sequer foi até o lugar onde estava a filha desta mulher — simplesmente falou e a menina foi curada. A mulher acreditou que Jesus havia realizado um milagre.

Sua filha foi liberta
Marcos adiciona este último detalhe ao concluir este relato em seu livro: *Voltando ela para casa, achou a menina sobre a cama, pois o demônio a deixara* (7:30).

Imaginem a alegria que essa mãe deve ter sentido quando chegou a casa e encontrou sua filha completamente liberta e deitada tranquilamente em sua cama. Esta mulher aprendeu uma lição valiosa a qual nós também precisamos aprender. Se pedirmos em fé, poderemos esperar uma resposta de Deus, resposta esta advinda de Sua misericórdia e poder.

Certamente, a fé desta mulher cresceu e ela deve ter compartilhado o que lhe acontecera em sua comunidade. Este fato deve ter aberto o caminho à igreja primitiva em Tiro. Lemos no livro de Atos que quando Paulo foi àquela região, havia cristãos que ministraram ao apóstolo (Atos 21:2-5).

Pensamentos finais

Podemos tirar várias lições do apelo desta mulher a Jesus que podem ser aplicadas em nossas vidas quando oramos ao Senhor.

Primeiro ela disse *Senhor, socorre-me!* Devemos reconhecer, assim como ela, que dependemos totalmente da misericórdia de Deus. Frequentemente nos esquecemos desta verdade. De algum modo, pensamos que Deus nos deve favores e que merecemos Sua ajuda. Devemos nos humilhar perante o Senhor e reconhecer nossa total dependência em Sua misericórdia.

Segundo, ela reconheceu e manifestou em voz alta quem era Jesus. Ela chamou-o de *Senhor* e acrescentou *Filho de Davi*. Ela sabia que Ele era o Deus dos judeus. Ela deu-lhe o lugar de honra que Ele merecia, sabendo que Jesus era o único que podia solucionar seu problema.

Nós também, quando oramos, precisamos adorar a Deus com nossas próprias palavras, para que Ele saiba que compreendemos quem Ele é. Não merecemos as bênçãos do Senhor, porém, por meio de Sua graça, somos Seu povo quando confiamos e aceitamos o Senhor Jesus Cristo como Salvador. A Salvação nos abre o caminho para que recebamos as bênçãos de Deus.

A mulher siro-fenícia

Terceiro, a mulher foi direta em seu pedido, utilizando uma linguagem adequada, sem orações memorizadas ou palavras desnecessárias. Simplesmente expressou sua necessidade.

Deus conhece nossos problemas antes mesmo de orarmos a Ele. Mas, Deus deseja ver nossa fé, nossas necessidades e a atitude de nosso coração quando buscamos Sua ajuda.

Encorajemo-nos pela fé demonstrada por esta mulher siro-fenícia quando foi a Jesus. Nosso Deus é fiel, e ouve as orações de todos aqueles que confiam em Jesus Cristo, sem se importar com a sua origem.

Tópicos para discussão

1. Qual era o estado físico de Jesus e Seus discípulos quando viram esta mulher vir até Ele?
2. Qual era o problema da filha desta mulher?
3. Por que esta mulher era considerada inelegível para receber resposta à sua oração?
4. Mencione três ensinos sobre a oração que aprendemos com a súplica desta mãe.
5. De que maneira a mulher siro-fenícia demonstrou sua fé?

Capítulo 8

Uma mulher sem nome
Conhecida como *uma pecadora*

A MULHER DESTE ESTUDO bíblico viveu circunstâncias muito diferentes da maioria de nós, circunstâncias estas que talvez sejam difíceis de compreendermos. A Bíblia não nos diz seu nome, simplesmente chama-a de "pecadora".

Cada um dos quatro evangelhos aborda a vida e o ministério de Cristo de um ponto de vista diferente. Com frequência, as histórias se encontram em mais de um Evangelho, mas este relato está registrado somente em Lucas.

Cenário e Antecedentes

Pouco antes do começo desta história, Jesus havia ressuscitado o filho de uma viúva da cidade chamada Naim. Uma grande multidão o seguia.

À medida que Jesus e Seus discípulos viajavam pela Judeia, as notícias sobre os Seus milagres se espalhavam por todas as partes. João Batista estava na prisão e as notícias chegaram até ele. João enviou dois mensageiros até Jesus para perguntar-lhe se Ele verdadeiramente era o Messias.

Jesus respondeu aos mensageiros que dissessem a João que: *...os cegos veem, os coxos andam, os leprosos são purificados, os surdos ouvem, os mortos são ressuscitados, e aos pobres, anuncia-se-lhes o evangelho* (Lucas 7:22).

Lucas continua seu relato: *...mas os fariseus e os intérpretes da Lei rejeitaram, quanto a si mesmos, o desígnio de Deus, não tendo sido batizados por ele* (Lucas 7:30). Porém, um fariseu chamado Simão, convidou Jesus para jantar em sua casa. A Bíblia não explica por que ele fez isto. Talvez ele só quisesse questionar Jesus ou ainda, tivesse curiosidade em ver como Jesus agiria. Jesus aceitou o convite e foi à casa de Simão.

Uma mulher pecadora aproxima-se de Jesus

Enquanto Jesus estava na casa de Simão, uma mulher chamada "pecadora" foi vê-lo. Lemos sobre esta história no livro de Lucas 7:36-39:

> ³⁶Convidou-o um dos fariseus para que fosse jantar com ele. Jesus, entrando na casa do fariseu, tomou lugar à mesa. ³⁷E eis que uma mulher da cidade, pecadora, sabendo que ele estava à mesa na casa do fariseu, levou um vaso de alabastro com unguento; ³⁸e, estando por detrás, aos seus pés, chorando, regava-os com suas lágrimas e os enxugava com os

próprios cabelos; e beijava-lhe os pés e os ungia com o unguento. ³⁹Ao ver isto, o fariseu que o convidara disse consigo mesmo: Se este fora profeta, bem saberia quem e qual é a mulher que lhe tocou, porque é pecadora.

Começando por Eva, que foi a primeira pessoa a cometer pecado, todos nascem com natureza pecaminosa. Além disso, cada um de nós pecou o suficiente para sermos chamados de pecadores. Todavia, a mulher que veio a Jesus na casa de Simão, era conhecida como uma "pecadora". Parecia estar marcada publicamente como uma pessoa especialmente má.

Simão surpreendeu-se com Jesus

A reação de Simão parece confirmar que esta mulher estava profundamente envolvida com o pecado que havia praticado. Simão não podia entender que uma pessoa boa como Jesus se associasse a uma mulher tão pecadora. Ela não somente fora ver Jesus, mas também lhe trouxe um presente e arrependeu-se de seus pecados, chorando. Ela procurou Jesus em busca de ajuda e Ele aceitou seu presente, perdoou seus pecados e aceitou sua adoração.

Por que foi tão difícil para Simão compreender este fato? Simão ainda não havia aceitado que Jesus era o Messias. Ele não percebeu que Jesus veio à Terra para buscar e salvar pecadores. Simão também não podia entender o significado do perdão, pois não tinha a menor ideia sobre a importância de demonstrar arrependimento. Jesus, conhecendo o coração de Simão, contou-lhe uma história para ilustrar o amor e perdão, conforme lemos no livro de Lucas 7:41-43,47:

⁴¹Certo credor tinha dois devedores: um lhe devia quinhentos denários, e o outro, cinquenta. ⁴²Não tendo nenhum dos dois com que pagar, perdoou-lhes a ambos. Qual deles, portanto, o amará mais? ⁴³Respondeu-lhe Simão: Suponho que aquele a quem mais perdoou. Replicou-lhe: Julgaste bem. [...] ⁴⁷Por isso, te digo: perdoados lhe são os seus muitos pecados, porque ela muito amou; mas aquele a quem pouco se perdoa, pouco ama.

Não sabemos o que Simão fez após ouvir esta história, mas, certamente melhorou seu entendimento sobre o perdão de Deus.

O arrependimento da mulher pecadora

O que falar sobre esta mulher? O que ela fez e o que Jesus lhe disse? Devemos examinar o seu arrependimento.

A Bíblia diz que ela trouxe consigo um frasco de alabastro com perfume, e ungiu os pés de Jesus. Ele não recusou esta oferta de amor. A mulher derramou abundantemente suas lágrimas sobre os pés de Jesus, secando-os com seus cabelos.

Imagine a cena: sua culpa lhe causou grande pesar ao entrar na presença de Jesus. Ele permitiu que ela chorasse e demonstrasse seu amor antes de aceitar sua adoração. Poderíamos aprender a perdoar a nós mesmas se, primeiro, lamentássemos por nossos pecados e em seguida aceitássemos o perdão do Senhor da mesma maneira que esta mulher o fez.

Os soluços desta mulher e sua ternura de coração demonstraram que ela tinha um caráter sensível. Seu estilo de vida pecaminoso não havia secado as suas lágrimas. Ela não se transformou em uma mulher fria e insensível.

Esta mulher deve ter ficado maravilhada ao ouvir Jesus defender seus atos de adoração e arrependimento diante de Simão. Vemos as palavras finais de Jesus a esta mulher no livro de Lucas 7:48,50:

> ⁴⁸Então, disse à mulher: Perdoados são os teus pecados.
> [...] ⁵⁰Mas Jesus disse à mulher: A tua fé te salvou;
> vai-te em paz.

A paz da mulher, agora justificada

Enquanto Jesus lhe falava, desvaneceu-se do coração desta mulher, qualquer dúvida quanto ao temor de não haver sido totalmente perdoada. Suas palavras "vá em paz", outorgaram-lhe uma nova vida. Esta segurança está fundamentada em 2 Coríntios 5:17: *E, assim, se alguém está em Cristo, é nova criatura; as coisas antigas já passaram; eis que se fizeram novas.* O Príncipe da Paz ofereceu paz a esta mulher pecadora. Ela aceitou sua oferta e recebeu a paz de Deus.

Novamente, temos que deixar claro que a fé desta mulher a salvou, e não suas lágrimas nem seus atos de amor. Seus pecados foram perdoados pela fé no único que poderia perdoá-la.

Pensamentos finais

Talvez, como esta mulher, você também precise pedir perdão a Jesus. Permita-me encorajá-la a abandonar seus pecados e a receber Cristo como seu Salvador pessoal.

Se, por outro lado, você é como o fariseu Simão, precisa pedir a Deus que a ajude a compreender o perdão. Simão olhava a mulher com arrogância devido ao seu estilo de vida pecaminoso e, sendo assim, para ele era muito difícil compreender o perdão completo. Precisamos nos perguntar se estamos dispostas a testemunhar àqueles que consideramos estar profundamente envolvidos em pecado. Qual é nossa reação quando pessoas nos falam que desejam conversar conosco sobre o arrependimento ou que se arrependeram de seus pecados?

Jesus permitiu a esta mulher que demonstrasse seu arrependimento, e em seguida Ele a perdoou de seus pecados. Ele também ensinou o fariseu Simão sobre o perdão. Como cristãos, devemos ser cada vez mais semelhantes ao nosso Senhor. Com o propósito de sermos como Cristo, precisamos aprender e aplicar em nossas vidas as lições: o arrependimento por nossos próprios pecados e o perdão àqueles que pecam.

Tópicos para discussão
1. Como os fariseus reagiram perante este ensino de Jesus?
2. Descreva o que esta mulher fez quando foi até a casa de Simão.
3. Por que era tão difícil para Simão compreender a reação de Jesus a esta mulher?
4. Quais as lições importantes que Jesus nos ensina através desta história?
5. A partir desta história, destaque uma lição positiva para sua vida.

Capítulo 9

Marta
Anfitriã exemplar

Neste capítulo e no próximo, estudaremos Marta e Maria, que viviam em Betânia. Os estudos sobre estas irmãs tendem a mostrar as diferenças que existiam entre elas, dando a impressão de que uma era melhor que a outra. Vamos estudá-las separadamente para vermos que boas peculiaridades podemos aprender de cada uma delas.

O lar de Marta

A Bíblia não relata a vida de Marta, exceto que era irmã de Maria e Lázaro. As Escrituras mencionam dois homens com o nome de Lázaro. Este Lázaro é aquele que Jesus ressuscitou dentre os mortos, após estar sepultado por quatro dias. Como o relato acontece na casa de Marta, algumas pessoas acreditam que ela era a irmã mais velha. Certamente, ela responsabilizou-se por agir como anfitriã.

Uma história bíblica encontrada em Lucas 10: 38-42 descreve claramente o caráter de Marta:

> [38]Indo eles de caminho, entrou Jesus num povoado. E certa mulher, chamada Marta, hospedou-o na sua casa. [39]Tinha ela uma irmã, chamada Maria, e esta quedava-se assentada aos pés do Senhor a ouvir-lhe os ensinamentos. [40]Marta agitava-se de um lado para outro, ocupada em muitos serviços. Então, se aproximou de Jesus e disse: Senhor, não te importas de que minha irmã tenha deixado que eu fique a servir sozinha? Ordena-lhe, pois, que venha ajudar-me. [41]Respondeu-lhe o Senhor: Marta! Marta! Andas inquieta e te preocupas com muitas coisas. [42]Entretanto, pouco é necessário ou mesmo uma só coisa; Maria, pois, escolheu a boa parte, e esta não lhe será tirada.

Ao iniciar Seu ministério público, Jesus nem sempre regressava ao Seu lar em Nazaré para descansar. Em vez disso, ficava neste lar em Betânia. Ali, Ele era bem recebido e Jesus amava Marta, Maria e Lázaro.

A Bíblia descreve Marta como um belo exemplo de anfitriã. Jesus viajava com Seus discípulos e outros seguidores, então pelo menos 13 pessoas chegaram ao lar de Marta, e ela atendia gentilmente a todos.

Ao estudarmos a vida de Marta nos questionamos de diversas maneiras: Como eu reagiria se 13 ou mais pessoas aparecessem em minha casa buscando alojamento e comida? Meu lar é um lugar limpo e atrativo? As pessoas que visitam minha casa percebem uma atmosfera cordial de boas-vindas? A maioria de nós não seria capaz de receber tanta gente, especialmente de imprevisto, porém, a Bíblia nos ensina que devemos estar preparadas para demonstrarmos hospitalidade sempre que pudermos.

O problema de Marta

Marta havia recebido as pessoas em seu lar prontamente, mas, estava ocupadíssima preparando e servindo a refeição. Enquanto Marta trabalhava, Maria estava sentada aos pés de Jesus para ouvir Seus ensinos. Marta precisava de ajuda, mas não chamou Maria. Ao invés de pedir ajuda, foi pedir a Jesus que dissesse a Maria que a ajudasse. Marta expressou sua irritação e frustração em forma de queixa.

Jesus corrigiu Marta com bondade e carinho. Porém, uma vez que Ele repetiu o nome dela duas vezes, sabemos que Ele falava sério. Marta foi a única mulher à qual Jesus falou desta forma. Jesus não a repreendeu por fazer o trabalho. Sabia que ela queria que tudo saísse perfeito para Ele e Seus discípulos. Mas, admoestou-a por estar demasiadamente preocupada com as coisas externas. Isto era um obstáculo para sua comunhão espiritual e pessoal com Ele. Jesus disse que Maria havia escolhido a comunhão com Ele, e que isso não seria tirado dela.

Marta ocupou muito do seu tempo com os preparativos. Ela talvez ficasse preparando uma comida elaborada, quando um simples prato poderia ser oferecido e seria suficiente. O tempo que ela gastou, poderia ter sido usado para aprender de Jesus. Precisamos ter cuidado de não nos ocuparmos demais ao ponto de negligenciarmos os momentos de aprendizado com o Senhor, através da oração e do estudo das Escrituras.

A profissão de fé

O Evangelho de João registra outro episódio da vida de Marta. Quando seu irmão Lázaro morreu, a família estava profundamente triste. As irmãs buscaram a presença de Jesus para vir curar seu irmão. Mas, Jesus não veio imediatamente, e Lázaro morreu. As Escrituras registram que Jesus esperou dois dias no lugar onde estava, após tomar conhecimento de que Lázaro estava doente (João 11:6).

Quando Jesus finalmente chegou, Marta foi ao seu encontro. E ela lhe disse conforme lemos em João 11:21: *Disse, pois, Marta a Jesus: Senhor, se estiveras aqui, não teria morrido meu irmão.* Ela ainda continuou: *Mas também sei que, mesmo agora, tudo quanto pedires a Deus, Deus to concederá* (João 11:22). Perceba a fé e a confiança absoluta de Marta, no poder de Jesus. Antes de entrar na casa, Jesus e Marta tiveram uma conversa sobre a ressurreição, que se encontra em João 11:23-27:

> [23]Declarou-lhe Jesus: Teu irmão há de ressurgir.
> [24]Eu sei, replicou Marta, que ele há de ressurgir na ressurreição, no último dia. [25]Disse-lhe Jesus: Eu sou a ressurreição e a vida. Quem crê em mim, ainda que morra, viverá; [26]e todo o que vive e crê em mim não morrerá, eternamente. Crês isto? [27]Sim, Senhor, respondeu ela, eu tenho crido que tu és o Cristo, o Filho de Deus que devia vir ao mundo.

Esta passagem nos mostra que Marta aprendera a lição. Ela deixou seus afazeres para ir ao encontro de Jesus. Imediatamente recebeu consolo para sua dor. Jesus desviou a atenção de Marta no tocante à sua dor para Ele, dizendo: *Eu sou a ressurreição e a vida*. Ele declarou Sua divindade, poder e autoridade. O que antes era verdade, se mantém ainda hoje: o único meio de obter vida eterna é crer no Senhor Jesus Cristo.

Mesmo com a possibilidade de Marta não ter compreendido tudo o que Jesus lhe disse, quando Ele lhe perguntou se cria, Marta fez uma clara confissão de sua fé nele. Cada uma de nós deve decidir pessoalmente sobre a fé em Jesus Cristo para obter a salvação que Ele nos garantiu ao morrer sobre a cruz por nossos pecados. O livro de Romanos 10:9 declara: *Se, com a tua boca, confessares Jesus como Senhor e, em teu coração, creres que Deus o ressuscitou dentre os mortos, serás salvo*. Se você nunca creu ou recebeu Jesus como Salvador, por que não o aceita agora?

A mudança de atitude de Marta

A última vez que Marta é mencionada na Bíblia encontra-se no livro de João 12:1-11. O cenário descreve um jantar em sua casa poucos dias antes da Páscoa. Jesus se encontrava ali com Lázaro. Marta, como sempre, estava ali ocupada servindo. Todavia, esta vez havia uma sensação de calma e paz. Durante este acontecimento, sua irmã Maria, ungiu os pés de Jesus com um perfume muito caro, mas, não lemos sobre qualquer reclamação de Marta.

Pensamentos finais

Uma das lições mais importantes que aprendemos com este estudo é que Marta abriu seu lar para Jesus. Talvez, durante as primeiras vezes que Ele esteve ali, ela não compreendia quem Ele era, mas mesmo assim, recebeu-o cordialmente.

A maioria das pessoas sabe pouco sobre Jesus quando o aceitam em suas vidas. Como fazem para aprender mais? Da mesma maneira em que nos familiarizamos com qualquer pessoa: devemos investir tempo com esta pessoa. Devemos investir tempo com Jesus, lendo Sua Palavra e falando com Ele em oração.

Marta nos ensina sobre o perigo de estarmos muito ocupadas para continuar crescendo em nosso relacionamento com o Senhor. O tempo que passamos com Jesus e o que usamos servindo-o são importantes, mas, devemos mantê-los em um correto equilíbrio.

Na próxima lição estudaremos a vida de Maria, a irmã de Marta. Assim como Marta, ela tem muitas coisas para nos ensinar. Apesar de essas irmãs serem tão diferentes, Deus as usou. É muito bom saber que há um lugar para cada uma de nós na família de Deus!

Tópicos para discussão

1. De que maneiras Marta deixou bons e maus exemplos de hospitalidade?
2. Há algum momento na vida em que seja prejudicial trabalhar demais para Jesus?
3. Descreva como Jesus corrigiu Marta. De que maneira isto pode ser um exemplo para nós?
4. De que maneira Marta demonstrou que aprendera o equilíbrio entre o serviço e a devoção?
5. Como você pode usar o seu lar para o Senhor?

Capítulo 10

Maria
A escolha perfeita

No CAPÍTULO ANTERIOR, começamos uma série em duas partes sobre as irmãs chamadas Marta e Maria. Elas viviam em Betânia, fora de Jerusalém, com seu irmão Lázaro. Os três amavam ao Senhor, e Jesus gostava de visitar e descansar na casa deles.

O desejo de aprender de Maria

Ao estudarmos a vida de Maria, notaremos que ela não era como Marta, que estava sempre ocupada com muitas tarefas. Maria tinha uma natureza calma. Apesar de serem diferentes, cada uma amava e servia a Jesus à sua maneira.

Ao lermos sobre Marta no livro de Lucas 10, também lemos sobre Maria. No versículo 39, esta se encontra sentada aos pés de Jesus ouvindo Suas palavras. Em outras passagens da Bíblia, vemos Maria sentada aos pés de Jesus porque queria ouvi-lo. Maria nos dá um grande exemplo de humildade.

Você se lembra das palavras de Jesus em Lucas 10:42? *Entretanto, pouco é necessário ou mesmo uma só coisa; Maria, pois, escolheu a boa parte, e esta não lhe será tirada.* Qual era essa boa parte? É o tempo que investimos em comunhão com o Senhor através do estudo da Bíblia e oração. A boa parte é aquilo que o Senhor nos ensina quando passamos um tempo a sós com Ele. As verdades que aprendemos aos pés de Jesus nunca nos poderão ser tiradas.

Maria quis aprender com Jesus. E cada uma de nós? Temos fome do alimento espiritual? O que fazemos para satisfazer nosso apetite espiritual? Investimos tempo para ouvir o que Jesus tem a nos dizer por meio de Sua Palavra? Maria compreendeu a importância deste ensino para sua vida. No Sermão do Monte, Jesus prometeu: *Bem-aventurados os que têm fome e sede de justiça, pois serão satisfeitos* (Mateus 5:6). Jesus é o único meio de saciar nossa fome espiritual.

A tristeza de Maria

Como Maria lidou com a dor em sua vida? Podemos observar a diferença entre as duas irmãs com os acontecimentos que envolveram a morte de Lázaro. Marta foi ao encontro de Jesus enquanto Ele ainda se dirigia à sua casa. Maria permaneceu em seu lar. Depois que Jesus havia consolado Marta, ela voltou para casa para dizer a Maria que Jesus havia chegado e a procurava. De imediato, Maria foi ao encontro de Jesus. João 11:28-36 relata o seguinte:

²⁸Tendo dito isto, retirou-se e chamou Maria, sua irmã, e lhe disse em particular: O Mestre chegou e te chama. ²⁹Ela, ouvindo isto, levantou-se depressa e foi ter com ele, ³⁰pois Jesus ainda não tinha entrado na aldeia, mas permanecia onde Marta se avistara com ele. ³¹Os judeus que estavam com Maria em casa e a consolavam, vendo-a levantar-se depressa e sair, seguiram-na, supondo que ela ia ao túmulo para chorar. ³²Quando Maria chegou ao lugar onde estava Jesus, ao vê-lo, lançou-se-lhe aos pés, dizendo: Senhor, se estiveras aqui, meu irmão não teria morrido. ³³Jesus, vendo-a chorar, e bem assim os judeus que a acompanhavam, agitou-se no espírito e comoveu-se. ³⁴E perguntou: Onde o sepultastes? Eles lhe responderam: Senhor, vem e vê! ³⁵Jesus chorou. ³⁶Então, disseram os judeus: Vede quanto o amava.

Estou segura de que ambas as irmãs amavam seu irmão e lamentaram sua morte, mas, somos informados somente sobre as lágrimas de Maria. Quando Jesus a viu chorando e com seu coração ferido, Ele também chorou. Assim, Maria pôde constatar a humanidade de Jesus, sendo capaz de compartilhar com ela suas lágrimas e seu pesar.

O livro de João 11:31 narra sobre os judeus que estavam na casa para confortar Maria. As irmãs tinham ao seu redor pessoas que as amavam e se preocupavam com elas o suficiente para compartilhar sua dor e tristeza. Eram mulheres muito conhecidas em sua comunidade. Por seu testemunho prévio perante essas pessoas, Maria e Marta puderam compartilhar com todos seus amigos o milagre de quando Jesus ressuscitou Lázaro. João 11:45 diz: *Muitos, pois, dentre os judeus que tinham vindo visitar Maria, vendo o que fizera Jesus, creram nele.*

Mesmo diante das horas tenebrosas que seguiram o falecimento de seu irmão, seu lar permaneceu aberto. Elas poderiam ter fechado as portas para ficarem sós. Acredito que Deus honrou o testemunho delas, e devido a isto, outros creram.

Ela fez o que pôde

Alguns dias depois, houve uma festa na casa de Maria, Marta e Lázaro. Jesus e Seus discípulos estavam presentes. João 12:2-3 afirma:

> ²Deram-lhe, pois, ali, uma ceia; Marta servia, sendo Lázaro um dos que estavam com ele à mesa. ³Então, Maria, tomando uma libra de bálsamo de nardo puro, mui precioso, ungiu os pés de Jesus e os enxugou com os seus cabelos; e encheu-se toda a casa com o perfume do bálsamo.

Quando a fragrância do perfume se espalhou por toda casa, algumas pessoas criticaram Maria. Judas Iscariotes, que posteriormente traiu Jesus, disse que derramar o perfume era um desperdício de dinheiro. Mas como Jesus reagiu? João 12:7-8 relata:

> ⁷Jesus, entretanto, disse: Deixa-a! Que ela guarde isto para o dia em que me embalsamarem; ⁸porque os pobres, sempre os tendes convosco, mas a mim nem sempre me tendes.

Marcos 14:8-9 explica as palavras de Jesus:

⁸Ela fez o que pôde: antecipou-se a ungir-me para a sepultura. ⁹Em verdade vos digo: onde for pregado em todo o mundo o evangelho, será também contado o que ela fez, para memória sua.

Jesus expôs aos Seus discípulos os fatos que circundariam Sua morte e sepultamento. Maria, com certeza, ouviu-o e guardou o perfume para ungir o corpo de Jesus. Agora ela trouxe o perfume e o derramou sobre os pés de Jesus quando Ele ainda vivia. Jesus pôde apreciar a fragrância. Como deve ter sido agradável sentir aquele perfume, pois Ele sabia que Maria tinha amor em seu coração quando ungiu Seus pés e os secou com seus cabelos.

Ela demonstrou amor

Apesar das ações de Maria estarem registradas na Bíblia, sabemos pouco sobre o que ela disse. Maria quase sempre está silente. Somente uma vez lemos suas palavras, e ela somente repetiu o que Marta disse após a morte de Lázaro. *Maria prostou-se aos pés de Jesus e disse: Senhor, se estiveras aqui, meu irmão não teria morrido* (João 11:32).

Maria amava silenciosamente. Frequentemente, tentamos expressar nosso amor por alguém por meio de palavras. Às vezes, dizemos: "Eu sei como você está se sentindo", quando nunca passamos por uma experiência semelhante. Precisamos aprender com Maria sobre o grande poder do amor silente. Vemos este poder claramente manifesto em Marcos 14:9 quando Jesus disse: *Em verdade vos digo: onde for pregado em todo o mundo o evangelho, será também contado o que ela fez, para memória sua.* O ato de adoração de Maria, motivado por seu amor, nunca será esquecido. Ela deu tudo que tinha; fez tudo o que pôde. Como mostramos ao Senhor que o amamos? Estabelecemos limites prometendo amar, servi-lo e nos entregarmos a Ele apenas até certo ponto?

Pensamentos finais
Maria nos ensina lições importantes. Primeiramente, precisamos compreender que para obter maior e mais profundo conhecimento de Deus, devemos sentar-nos humildemente aos pés de Jesus. Não devemos nos distrair com as atividades que nos rodeiam nem permitir que o trabalho nos ocupe a tal ponto de impedir-nos de aprender com Ele.

Em segundo, precisamos fazer tudo o que podemos da melhor maneira. Tudo o que possuímos provém de Deus: nosso tempo, talento, dinheiro; todas essas bênçãos são vindas dele. Devemos nos consagrar totalmente a Ele, sem retermos nada conosco.

Terceiro, precisamos mostrar amor ao nosso próximo. Maria e Marta compartilharam seu lar e tudo que tinham com outras pessoas. Com certeza, elas demonstraram amor por Jesus e Seus discípulos. Jesus nos ensinou a amarmos uns aos outros. Façamos o nosso melhor, com a Sua ajuda, demonstremos amor por todos os que nos cercam.

Tópicos para discussão

1. Quais características diferenciam as duas irmãs?
2. O que Jesus quis dizer ao afirmar que a escolha de Maria não lhe seria retirada?
3. Por que Jesus chorou?
4. De que forma singular Maria expressou seu amor por Jesus?
5. Quais lições práticas você aprendeu através da vida de Maria?

Capítulo 11

A mulher samaritana
O poderoso testemunho

No início deste livro, estudamos sobre a meretriz Raabe e a escrava de Naamã. Ambas superaram circunstâncias difíceis e demonstraram ter grande coragem. Neste estudo bíblico veremos outro exemplo de uma mulher que triunfou sobre seu passado.

O cenário

O relato do encontro entre a mulher samaritana e Jesus encontra-se em João 4:1-42. Os versículos 4-7 relatam o marco desse encontro:

> ⁴E era-lhe necessário atravessar a província de Samaria. ⁵Chegou, pois, a uma cidade samaritana, chamada Sicar, perto das terras que Jacó dera a seu

filho José. ⁶Estava ali a fonte de Jacó. Cansado da viagem, assentara-se Jesus junto à fonte, por volta da hora sexta. ⁷Nisto, veio uma mulher samaritana tirar água. Disse-lhe Jesus: Dá-me de beber.

E era-lhe necessário atravessar a província de Samaria. Que palavras tão estranhas para começar uma leitura bíblica. Precisamos conhecer os antecedentes. A história destaca que o caminho por Samaria era a rota mais curta entre Galileia e Jerusalém. Os fariseus e os judeus, geralmente, utilizavam o caminho mais longo através de Pereia. Por quê? Para evitar qualquer contato com o povo samaritano.

Quem eram os samaritanos? Eles eram uma raça misturada, resultante de inter-relacionamentos entre os israelitas e os gentios trazidos à terra dos conquistadores assírios quando o Reino do Norte fora levado ao exílio (2 Reis 17:24). Mais tarde, no livro de Esdras 4 e de Neemias 4, lemos sobre a amarga divisão entre os israelitas e samaritanos que resultou na construção de dois templos no Monte Gerizim. Estes povos cultivaram entre si grande ódio e uma rivalidade religiosa forte que ainda prevalecia quando Jesus se encontrou com a mulher samaritana ao lado do poço.

Jesus Cristo estava cansado e sedento. No entanto, Ele despendeu Seu tempo para conversar com a mulher que veio buscar água. Ele jamais a vira antes, e ela obviamente não sabia quem Ele era. Porém, Jesus sabia que ela tinha uma necessidade espiritual. Que exemplo para nós! Percebemos as necessidades de outras pessoas quando tudo está bem conosco? Se estivéssemos com calor, sedentas ou cansadas, estaríamos dispostas a investir tempo em ouvir pessoas, falar com elas e tentar ajudá-las em seus problemas?

Confrontando o passado

A mulher samaritana foi surpreendida pelo fato de um homem judeu ter ido conversar com ela e pedir água para beber. Os judeus odiavam tanto os samaritanos, que era muito estranho para um judeu viajar por Samaria. Mas, Jesus falou de modo a chamar sua atenção. Ele falou com gentileza, porém, com autoridade, respondendo todas as perguntas que ela lhe fez. Mesmo assim, ela não entendeu o que Ele estava dizendo. Ela discutia defensivamente sobre o poço. Jesus dilacerou seu orgulho pedindo-lhe que chamasse o seu marido. Imediatamente, ela teve a percepção do pecado em sua vida, e humildemente reconheceu: *Não tenho marido* (João 4:17). Com esta sincera confissão, sua vida começou a mudar.

Então, Jesus falou-lhe sobre seu passado pecaminoso. A mulher conscientizou-se de que Jesus devia ser um profeta e mudou o assunto da conversa. Sua preocupação voltou-se ao lugar apropriado para adorar a Deus. Mais uma vez, Jesus a corrigiu dizendo que o *lugar* não é o mais importante, mas sim o espírito de adoração.

O relacionamento é que importa

Jesus dedicou tempo explicando à mulher que a adoração que Deus aprova consiste em aceitar pessoalmente o Messias. Finalmente, ela parou de falar e ouviu o que Jesus tinha para lhe ensinar. A história continua em João 4:25-26:

²⁵Eu sei, respondeu a mulher, que há de vir o Messias, chamado Cristo; quando ele vier, nos anunciará todas as coisas. ²⁶Disse-lhe Jesus: Eu o sou, eu que falo contigo.

Esta mulher tinha má reputação em decorrência de sua vida imoral, entretanto, ao confessar livremente seu pecado, teve o privilégio de escutar diretamente dos lábios de Jesus a afirmação de que Ele era sem dúvida o Messias. Jesus satisfez a necessidade daquela mulher. Seu passado foi perdoado e sua vida mudou completamente. Quando ela regressou ao seu povo, as pessoas foram até o poço para ouvirem por si mesmas os ensinamentos de Jesus. A Bíblia declara que Jesus ficou naquele lugar durante dois dias e que muitos creram nele.

Pensamentos finais

Você já aceitou Jesus como seu Salvador pessoal? Sua vida está dedicada a Ele? Você já compartilhou com outra pessoa o que Ele fez em sua vida? A história dessa mulher no poço representa um exemplo de que Jesus se preocupa com cada uma de nós. Ainda hoje, Ele se preocupa. Ele se preocupa com você. Ele pode curar as feridas mais profundas, acalmar os piores medos e compreender nossos pensamentos mais íntimos. Ele deseja mudar nossas vidas através de um perdão total e completa purificação.

João 4:39 relata: *Muitos samaritanos daquela cidade creram nele, em virtude do testemunho da mulher, que anunciara: Ele me disse tudo quanto tenho feito.*

A história não somente mostra o amor de Jesus pelas pessoas, este versículo também dá aos cristãos um exemplo a seguir.

A mulher samaritana arrependeu-se de seus pecados e creu em Jesus, e disse aos outros o que havia visto, ouvido e feito. Jesus quer que façamos o mesmo nos dias de hoje. Quer que cumpramos a nossa missão, a qual implica em: dizer a outras pessoas quem é Jesus e o que Ele fez por você.

Pense um momento. Há um grupo racial ou classe social que é odiado em sua comunidade? Existem pessoas que você ou sua família consideram inimigas? Alguma vez você já tentou alcançar essas pessoas para ajudá-las e relatar-lhes o amor de Deus? Se você não o fez, quem fará?

Tópicos para discussão

1. A quem você já testemunhou sobre o que Jesus fez em sua vida?
2. Se você estivesse conversando com Jesus hoje, que parte de seu passado ou presente precisaria abordar com Ele e pedir-lhe Seu perdão?
3. Que exemplos Jesus nos deu sobre como testemunhar a outras pessoas?
4. Mencione duas maneiras que Jesus utilizou para corrigir as crenças da mulher samaritana.
5. Explique por que e como as Boas-Novas de Jesus Cristo ultrapassam todas as barreiras.

Capítulo 12

A mulher adúltera

Encontro com Jesus

Muitas mulheres anônimas na Bíblia podem nos ensinar valiosas lições por meio de suas vidas. Neste capítulo, veremos uma mulher que foi surpreendida em adultério, porém Jesus a salvou de morrer por apedrejamento.

O cenário

Não nos é dito o nome desta mulher nem detalhes sobre seu histórico familiar. Sabemos que ela conheceu Jesus Cristo pessoalmente e experimentou Seu perdão e bondade. Ela viu a sabedoria de Jesus em ação e ouviu Ele falar.

Pouco antes de conhecer esta mulher, Jesus havia passado um tempo a sós no Monte das Oliveiras. Não sabemos a razão por Jesus encontrar-se naquele lugar, mas sabemos que Ele

A mulher adúltera

conversou com Seu Pai Celestial. Do Monte das Oliveiras. Dali, Ele seguiu para a área do templo.

Muitas pessoas iam ao templo para ver e ouvir Jesus. Enquanto Ele ensinava, os líderes religiosos trouxeram-lhe uma mulher surpreendida em adultério. Eles a fizeram ficar em pé diante de todos. Em seguida, a acusaram de adultério e disseram que a surpreenderam nesta prática. Eles lembraram ao Mestre de que de acordo com a Lei de Moisés, ela deveria ser apedrejada. O livro de João 8:2-9 relata:

> ²De madrugada, voltou novamente para o templo, e todo o povo ia ter com ele; e, assentado, os ensinava. ³Os escribas e fariseus trouxeram à sua presença uma mulher surpreendida em adultério e, fazendo-a ficar de pé no meio de todos, ⁴disseram a Jesus: Mestre, esta mulher foi apanhada em flagrante adultério. ⁵E na lei nos mandou Moisés que tais mulheres sejam apedrejadas; tu, pois, que dizes? ⁶Isto diziam eles tentando-o, para terem de que o acusar. Mas Jesus, inclinando-se, escrevia na terra com o dedo. ⁷Como insistissem na pergunta, Jesus se levantou e lhes disse: Aquele que dentre vós estiver sem pecado seja o primeiro que lhe atire pedra. ⁸E, tornando a inclinar-se, continuou a escrever no chão. ⁹Mas, ouvindo eles esta resposta e acusados pela própria consciência, foram-se retirando um por um, a começar pelos mais velhos até aos últimos, ficando só Jesus e a mulher no meio onde estava.

O adúltero e a adúltera

Esta é uma breve história da Palavra de Deus, e sem dúvida, tem muitas lições para nossas vidas. Primeiro, precisamos aprender com os líderes religiosos. Eles estavam sempre dispostos a encontrar o pecado na vida de outras pessoas, mas não eram rápidos para admitirem seus próprios pecados. Citaram a Lei de Moisés como se Jesus não a conhecesse! Porém, não mencionaram uma parte importante. Não disseram nada sobre o castigo para o homem com quem ela fora encontrada cometendo adultério. O livro de Levítico 20:10 especifica a Lei: *Se um homem adulterar com a mulher do seu próximo, será morto o adúltero e a adúltera.*

Deus diz claramente que o adúltero e a adúltera devem ser condenados à morte. Onde estava o homem? Jamais saberemos o porquê a Palavra de Deus não menciona. Precisamos ter cuidado para não sermos orgulhosas ao acusar outras pessoas de pecado em suas vidas. Se pudéssemos somente aprender a sermos rápidas em julgar nosso próprio pecado confessando-o a Deus, como julgamos o pecado de outros. Graças a Deus por Ele ter providenciado uma completa limpeza, mediante o sangue que Jesus Cristo derramou sobre a cruz.

Perdão, não aprovação

É importante sabermos que Jesus não aprovou o comportamento desta mulher. Ela fora culpada por adultério. Adultério é uma violação voluntária ao mandamento de Deus estabelecido em Êxodo 20:14: *Não adulterarás.* No jardim do Éden, Deus estabeleceu e ordenou o matrimônio como uma união física e espiritual entre um homem e uma mulher para toda a vida. Gênesis 2:20-24 nos dá um ensinamento claro sobre o casamento. O adultério viola essa sagrada união.

Jesus lidou sabiamente com a tentativa dos líderes religiosos em enganá-lo. O Senhor Jesus conhecia perfeitamente a Lei. Porém, se Ele sugerisse apedrejá-la, não teria demonstrado o perdão de pecados que estava ensinando. Se Ele a tivesse deixado ir, estaria contradizendo a lei de Deus.

A mulher era culpada e tinha plena consciência de seu pecado. O pior, é que seu pecado havia sido exposto diante de todos que estavam no templo. Qual foi a reação de Jesus? Ele manteve-se calado por um momento. E depois, olhando para o chão, escreveu no solo.

Os líderes religiosos irritaram-se porque Jesus não respondeu à acusação feita por eles, insistiram em perguntar o que deveria ser feito. A Escritura diz que eles o testavam. A resposta de Jesus deve ter surpreendido aqueles que o ouviam. João 8:7 explica: *Como insistissem na pergunta, Jesus se levantou e lhes disse: Aquele que dentre vós estiver sem pecado seja o primeiro que lhe atire pedra.*

Jesus se inclinou novamente e continuou escrevendo no chão. O que Ele escreveu está aberto para especulações, mas o resultado foi claro. Os acusadores pararam de falar e não atiraram uma pedra sequer. Mansamente se retiraram sob a convicção de suas próprias ações pecaminosas. Nenhum deles pôde permanecer diante de Deus e afirmar que não tinha pecado. Por isso, foi necessário o pagamento que Cristo fez por nossos pecados.

A reação da mulher

Você percebeu que a mulher permaneceu em silêncio? Não tentou defender-se nem culpar o homem. Ela nem sequer implorou por misericórdia. Quando seus acusadores deixaram o templo, ela poderia ter saído também. Mas permaneceu ali e pacientemente esperou para ver o que Jesus tinha para lhe dizer. Sabia quem era Jesus, porque se dirigiu a Ele como *Senhor*. João 8:10-11 conclui o relato:

> [10]Erguendo-se Jesus e não vendo a ninguém mais além da mulher, perguntou-lhe: Mulher, onde estão aqueles teus acusadores? Ninguém te condenou? [11]Respondeu ela: Ninguém, Senhor! Então, lhe disse Jesus: Nem eu tampouco te condeno; vai e não peques mais.

Jesus lhe deu esperança ao dizer: *Nem eu tampouco te condeno*. Mas, ao mesmo tempo também lhe disse *vai e não peques mais*. O perdão pelos pecados é um dom de Deus. Contudo, Deus espera que homens e mulheres façam sua parte, ou seja, mantenham-se longe do pecado e de situações que os levem a pecar. Deus perdoará, mas é muito melhor não pecar!

A Bíblia nada mais menciona sobre esta mulher. Ela provavelmente saiu do templo naquele instante, e iniciou um novo estilo de vida.

Pensamentos finais

Este texto nos ensina três lições bíblicas:

- Devemos ser lentas em destacar o pecado de outras pessoas, especialmente se não tivermos lidado com o nosso próprio pecado. Mateus 7:1 determina: *Não julgueis, para que não sejais julgados.*

- Precisamos aprender a perdoar os outros. Marcos 11:25 ordena: *E, quando estiverdes orando, se tendes alguma coisa contra alguém, perdoai, para que vosso Pai celestial vos perdoe as vossas ofensas.*
- Devemos aprender a enfrentar o pecado em nossas vidas e pedir perdão a Jesus. 1 João 1:9 promete: *Se confessarmos os nossos pecados, ele é fiel e justo para nos perdoar os pecados e nos purificar de toda injustiça.*

Tópicos para discussão

1. O que as Escrituras mencionam sobre os antecedentes da mulher adúltera?
2. Por que é tão perigoso acusar o pecado alheio?
3. Como Jesus demonstrou sabedoria e compaixão?
4. Explique a diferença entre condenar um pecado e aprová-lo.
5. Dê três exemplos de lições que você pode aprender com esta história.

Capítulo 13

Maria Madalena
O verdadeiro perdão

Como Raabe, a prostituta e a mulher samaritana, Maria Madalena teve um passado duvidoso. Porém, sua história é um lindo exemplo de amor e perdão.

A história de Maria Madalena

Maria era um nome muito comum entre os judeus. Magdala é o lugar de seu nascimento. Assim como Jesus era chamado de Nazareno por causa de Nazaré, Maria se chamava Madalena. A Bíblia nada registra sobre seus pais, sua idade ou estado civil. Antes de conhecer Jesus ela estava possuída por demônios. A ação dos demônios pode ser descrita usando três níveis de influência satânica: opressão, obsessão e possessão.

A *opressão* é uma pressão incomum exercida exteriormente, e geralmente afeta a saúde e a capacidade da pessoa para agir ou pensar com clareza. Isto pode ser refletido em medos anormais, ansiedades ou alguns tipos de depressão.

A *obsessão* é uma opressão mais severa e mais profunda.

A *possessão* ou o termo *possuído por demônios* significa que a pessoa está completamente controlada por um demônio ou que tem demônios habitando em seu corpo. Os verdadeiros cristãos não podem ser possuídos por demônios.

Existem muitas correntes de interpretação quanto à dimensão do poder e influência que Satanás e seus demônios podem exercer sobre os cristãos. Satanás, o pai da mentira e do engano, confundiu inteligentemente muitos teólogos e dividiu a Igreja sobre estes ensinos. Sem dúvida, a Bíblia em nenhuma parte ordena aos cristãos que expulsem demônios de si mesmos e de outros crentes. Por outro lado, os cristãos são instruídos a estar em alerta constante contra os ataques satânicos e a resistí-los. 1 Pedro 5:8-9 ensina:

> [8]Sede sóbrios e vigilantes. O diabo, vosso adversário, anda em derredor, como leão que ruge procurando alguém para devorar; [9]resisti-lhe firmes na fé...

O livro de Efésios 6:10-20 explica o procedimento que os cristãos devem utilizar para resistir ao Diabo, revestindo-se com toda a armadura de Deus.

Os que estão dominados por demônios, estão atados por um poder maior que eles próprios. Maria Madalena estava sujeita aos demônios. No entanto, isto não quer dizer que ela era imoral, talvez tenha sido uma boa pessoa apesar de demônios habitarem nela.

Saber que Maria Madalena foi liberta não apenas de um demônio, mas sete, explica a extensão de sua devoção a Cristo. Só podemos imaginar a mudança produzida em sua vida após o poder demoníaco ter sido destituído.

Depois de ser liberta dos demônios, Maria Madalena foi uma das mais fiéis seguidoras de Jesus. Os evangelhos a mencionam 14 vezes, com frequência, junto a outras mulheres e cinco, separadamente, nos acontecimentos que envolvem a morte e ressurreição de Jesus Cristo. A cena em que Jesus lhe falou no jardim, na manhã de Sua ressurreição é uma das mais conhecidas.

A fidelidade de Maria Madalena

Maria Madalena esteve ao lado de Maria, a mãe de Jesus, no dia da crucificação e experimentou grande tristeza. Na manhã da ressurreição, ela estava entre os primeiros que chegaram ao sepulcro. Imaginem o que sentiu ao ver a tumba vazia. Com lágrimas nos olhos, correu para contar a Pedro e João. Os três voltaram juntos ao sepulcro. Quando Pedro e João certificaram-se de que o túmulo estava vazio, voltaram às suas casas, porém Maria permaneceu junto à entrada do sepulcro chorando, como afirma João 20:11-17:

> [11]Maria, entretanto, permanecia junto à entrada do túmulo, chorando. Enquanto chorava, abaixou-se, e olhou para dentro do túmulo, [12]e viu dois anjos vestidos de branco, sentados onde o corpo de Jesus fora posto, um à cabeceira e outro aos pés. [13]Então, eles lhe perguntaram: Mulher, por que choras? Ela lhes

respondeu: Porque levaram o meu Senhor, e não sei onde o puseram. ¹⁴Tendo dito isto, voltou-se para trás e viu Jesus em pé, mas não reconheceu que era Jesus. ¹⁵Perguntou-lhe Jesus: Mulher, por que choras? A quem procuras? Ela, supondo ser ele o jardineiro, respondeu: Senhor, se tu o tiraste, dize-me onde o puseste, e eu o levarei. ¹⁶Disse-lhe Jesus: Maria! Ela, voltando-se, lhe disse, em hebraico: Raboni (que quer dizer Mestre)! ¹⁷Recomendou-lhe Jesus: Não me detenhas; porque ainda não subi para meu Pai, mas vai ter com os meus irmãos e dize-lhes: Subo para meu Pai e vosso Pai, para meu Deus e vosso Deus.

Jesus honrou Maria Madalena, e esta honra nunca lhe será tirada. Foi a primeira pessoa a ver o Salvador ressuscitado e a ouví-lo falar após Sua ressurreição. Ao reconhecer Sua voz, sua primeira reação foi tocá-lo, mas, Jesus não lhe permitiu. Talvez fosse necessário compreender que a presença física de Jesus já não era mais primordial em sua vida. Agora, ela precisava aprender sobre uma comunhão espiritual e íntima com Deus. Era um conceito totalmente novo e seria um novo relacionamento que duraria mesmo após o retorno do Senhor Jesus aos céus.

Pensamentos finais
Maria Madalena poderia ter mergulhado em total desespero devido ao seu passado e suas atuais circunstâncias. Poderia ter responsabilizado Deus, tornar-se amarga ou sofrer culpa e vergonha. Porém, ela superou seu passado para servir a Deus.

Hoje você pode fazer o mesmo mediante um relacionamento pessoal com Jesus Cristo. João 8:36 afirma: *Se, pois, o Filho vos libertar, verdadeiramente sereis livres.* Talvez você esteja sendo subjugado por medo, drogas, álcool, pornografia ou miríades de outras influências controladoras. Venha arrependida e com fé ao Senhor Jesus Cristo, Ele a libertará!

Tópicos para discussão
1. Quais as instruções dadas aos cristãos sobre Satanás?
2. De que maneira Jesus transformou a vida de Maria, após libertá-la da escravidão satânica?
3. Por que Maria foi tão devota a Jesus?
4. O que a motiva a servir a Deus?
5. Você — ou alguém conhecido — está escravizado por qualquer substância ou influência? Quais as promessas contidas no livro de João 8:36? Explique como o perdão outorga liberdade às pessoas.

Capítulo 14

Safira
A mulher enganosa

A MINHA ORAÇÃO É DE que este estudo seja uma solene recordação a cada uma de nós sobre a gravidade do pecado. Estudaremos os pecados de engano e mentira, sobre os quais a Bíblia diz que ...*são abomináveis ao Senhor*... em Provérbios 12:22.

Pouco tempo após Jesus ter ascendido ao céu, os cristãos primitivos formaram a primeira igreja em Jerusalém. Com a ajuda do Espírito Santo, a igreja crescia diariamente. Na igreja primitiva havia um casal cujos nomes eram Ananias e Safira.

Antecedentes

A Bíblia não nos dá qualquer informação acerca da história, família ou bens de Ananias e Safira. O que sabemos é que firmaram um acordo para mentir sobre seu dinheiro. Para colocar a situação no contexto apropriado, precisamos ler Atos 4:32,34-35:

> ³²Da multidão dos que creram era um o coração e a alma. Ninguém considerava exclusivamente sua nem uma das coisas que possuía; tudo, porém, lhes era comum. [...] ³⁴Pois nenhum necessitado havia entre eles, porquanto os que possuíam terras ou casas, vendendo-as, traziam os valores correspondentes ³⁵e depositavam aos pés dos apóstolos; então, se distribuía a qualquer um à medida que alguém tinha necessidade.

Observe que os primeiros cristãos em Jerusalém haviam concordado em compartilhar tudo o que possuíam. Também tinham concordado em estabelecer um caixa comum para distribuir aos necessitados. Nenhum membro do grupo era forçado a isso; a participação era completamente voluntária, fato importante a ser mencionado.

Seu pacto diabólico

Agora que conhecemos o cenário, comecemos a ler a história de Ananias e Safira como a encontramos em Atos 5:1-4. Ao final do capítulo 4 do livro de Atos, encontramos o relato sobre Barnabé, que vendeu suas terras e entregou o dinheiro aos apóstolos. Como contraste, o capítulo 5 começa com a palavra entretanto.

> ¹Entretanto, certo homem, chamado Ananias, com sua mulher Safira, vendeu uma propriedade,

²mas, em acordo com sua mulher, reteve parte do preço e, levando o restante, depositou-o aos pés dos apóstolos. ³Então, disse Pedro: Ananias, por que encheu Satanás teu coração, para que mentisses ao Espírito Santo, reservando parte do valor do campo? ⁴Conservando-o, porventura, não seria teu? E, vendido, não estaria em teu poder? Como, pois, assentaste no coração este desígnio? Não mentiste aos homens, mas a Deus.

O pecado

Como Barnabé, Ananias e Safira também venderam um lote de terra, mas fizeram um acordo para guardar uma parte do dinheiro para si mesmos. Foram acusados de serem ambiciosos, mas a Bíblia registra um pecado diferente — o engano. Reter parte do seu próprio dinheiro não era pecado. O dinheiro era deles e poderiam doá-lo em parte ou em seu total. Ambos pecaram porque tentaram convencer os outros na igreja de que estavam doando todo o dinheiro que haviam recebido da venda.

O plano deles foi definitivamente um engano, uma mentira. Por isso Pedro os admoestou severamente, por haverem mentido ao Espírito Santo. As consequências estão especificadas claramente no livro de Atos 5:5-6:

⁵Ouvindo estas palavras, Ananias caiu e expirou, sobrevindo grande temor a todos os ouvintes.
⁶Levantando-se os moços, cobriram-lhe o corpo e, levando-o, o sepultaram.

Safira

Três horas mais tarde, aproximadamente, Safira se apresentou à reunião na igreja. O apóstolo Pedro a confrontou sobre o dinheiro. Safira mentiu, e também caiu morta instantaneamente. Atos 5:7-10 declara:

> [7]Quase três horas depois, entrou a mulher de Ananias, não sabendo o que ocorrera. [8]Então, Pedro, dirigindo-se a ela, perguntou-lhe: Dize-me, vendestes por tanto aquela terra? Ela respondeu: Sim, por tanto. [9]Tornou-lhe Pedro: Por que entrastes em acordo para tentar o Espírito do Senhor? Eis aí à porta os pés dos que sepultaram o teu marido, e eles também te levarão. [10]No mesmo instante, caiu ela aos pés de Pedro e expirou. Entrando os moços, acharam-na morta e, levando-a, sepultaram-na junto do marido.

As consequências do engano

Safira decidiu seguir adiante com o plano desonesto de seu marido. Sua lealdade era devida ao seu esposo e não a Deus. Quando Pedro lhe perguntou diretamente acerca do dinheiro, ela mentiu sem qualquer remorso.

Ananias e Safira morreram por uma mentira. Para nós, é difícil compreender, mas, creio que o propósito de Deus ao agir desta forma foi para que servisse de eterno testemunho sobre quão terrível é a mentira aos olhos do Pai. A igreja de Jerusalém foi a primeira igreja, tinham muitas lições para aprender e a Bíblia diz que um grande temor sobreveio a todos que souberam do acontecido. Ninguém teve qualquer dúvida de como Deus se sentiu sobre a mentira.

Pensamentos finais

E nós? Pensamos que o pecado da mentira atualmente é menos severo aos olhos de Deus, do que nos tempos bíblicos? Não é! Devemos examinar sempre nossas vidas para certificarmo-nos da honestidade. Não há meio-termo quando somos confrontados; ou falamos a verdade ou mentimos.

Devemos nos conscientizar, aqueles que nos cercam devem saber que somos verdadeiramente honestos. Sendo mãe, alguma vez você permitiu que seus filhos fizessem algo não permitido pelo pai, como ir assistir a um filme ou ir a determinado lugar? Então, depois disso disse a eles: "Não falei isso ao seu pai, isso será nosso segredinho!"

Você gasta além de suas possibilidades em roupas, cosméticos, móveis ou joias para aparentar mais riqueza?

Como você se expressa quando está somente com seus filhos? Grita ou xinga no caminho à igreja, mas quando ali chega, fala docemente com o pastor e outros que encontra?

Estas são formas sutis de demonstrarmos aos nossos filhos e pessoas que nos rodeiam que a mentira e o engano são aceitáveis. Estamos ensinando nossos filhos a falar a verdade, através de nosso exemplo? Ou permitimos que nos vejam agindo perniciosamente para causar boa impressão a outros?

Peçamos a Deus para nos perdoar e ajudar a vivermos honestamente. Medite nos seguintes versículos para ver o que Deus diz sobre a mentira:

- *Os lábios mentirosos são abomináveis ao SENHOR, mas os que agem fielmente são o seu prazer* (Provérbios 12:22).
- *SENHOR, livra-me dos lábios mentirosos, da língua enganadora* (Salmo 120:2).

- *Por isso, deixando a mentira, fale cada um a verdade com o seu próximo, porque somos membros uns dos outros* (Efésios 4:25).

Tópicos para discussão

1. Como os membros da igreja primitiva ajudavam uns aos outros?
2. De que maneira Safira concordou com seu marido?
3. O casal pecou por separar parte do dinheiro para si mesmo?
4. Por que Deus os puniu de maneira tão rápida e severa?
5. Considerando a gravidade da mentira, como podemos ensinar nossos filhos?

Capítulo 15

Dorcas
A ajudante generosa

Alguém já disse: "É impressionante o quanto pode ser realizado quando ninguém se importa sobre quem receberá o crédito." Isto aconteceu na vida de Dorcas, que cumpriu suas tarefas sem considerar até onde poderiam chegar as consequências de seu trabalho.

A Bíblia usa somente sete versículos para contar sobre a vida de Dorcas. Sem dúvida, é um exemplo para as mulheres de todas as localidades sobre a importância de ajudar os outros, e como isto reflete em nosso testemunho cristão.

Antecedentes

Dorcas vivia em uma cidade portuária chamada Jope. Viveu nos tempos da formação da igreja primitiva, logo após a ressurreição de Jesus. A igreja estava crescendo rápida e firmemente sob a liderança do apóstolo Pedro.

A Bíblia chama Dorcas de *discípula*, que significa seguidora de Cristo. Não sabemos onde Dorcas conheceu Jesus, onde aprendeu a costurar nem a razão de seu especial interesse pelas viúvas.

Encontramos sua história em Atos 9:36-42. O versículo 36 descreve: *Havia em Jope uma discípula por nome Tabita, nome este que, traduzido, quer dizer Dorcas; era ela notável pelas boas obras e esmolas que fazia.*

Tabita em hebreu é o equivalente ao nome grego Dorcas. Em grego, Dorcas significa *gazela*, um símbolo de beleza, entretanto, não sabemos se Dorcas era uma mulher bonita ou não, mas, definitivamente, refletiu a beleza de Jesus em sua vida por meio de sua compaixão pelas pessoas necessitadas.

Dorcas: Notável pelas boas obras

A frase *notável pelas boas obras* indica que ela fazia precisamente isso, ela não somente pensou em algo para ajudar as pessoas. Com frequência, nós temos boas intenções, mas quase nunca nos decidimos a colocá-las em prática ou nos vemos paralisados diante do acúmulo de necessidades que nos cercam. Sabemos que não podemos socorrer a necessidade de todos, então, nem tentamos ajudar uma ou duas pessoas que poderíamos.

Dorcas não era assim. Ela fazia tudo o que podia. Nosso testemunho cristão seria muito mais efetivo se tão somente fizéssemos aquilo que temos a intenção de fazer. Precisamos pedir ajuda a Deus para que nos torne ágeis, dispostas e prontas a seguir as orientações que o Espírito Santo nos dá referente às boas obras. Sejamos bem claras a respeito deste assunto. As boas obras não trazem salvação. A salvação é um presente de Deus que recebemos mediante a fé em Jesus Cristo. Para explicar sobre a salvação, geralmente citamos o livro de Efésios 2:8-9:

> [8]Porque pela graça sois salvos, mediante a fé; e isto no vem de vós; é dom de Deus; [9]não de obras, para que ninguém se glorie.

Não somos salvos por fazermos boas obras, mas demonstramos com nossas obras que recebemos a salvação. Efésios 2:10 continua com o pensamento: *Pois somos feitura dele, criados em Cristo Jesus para boas obras, as quais Deus de antemão preparou para que andássemos nelas.*

Tiago 2:14-17 explica a influência que nossas obras podem produzir na vida de outras pessoas. Na verdade, Deus nos diz que nossa fé é morta, se não a demonstrarmos através de nossas boas obras. Dorcas foi um bom exemplo do que nos ensina Tiago:

> [14]Meus irmãos, qual é o proveito, se alguém disser que tem fé, mas não tiver obras? Pode, acaso, semelhante fé salvá-lo? [15]Se um irmão ou uma irmã estiverem carecidos de roupa e necessitados do alimento cotidiano, [16]e qualquer dentre vós lhes disser: Ide em paz, aquecei-vos e fartai-vos, sem, contudo, lhes dar o necessário para o corpo, qual é o proveito disso? [17]Assim, também a fé, se não tiver obras, por si só está morta.

Dorcas: doente até a morte
Lemos em Atos 9:37-42 que Dorcas ficou doente e morreu.

> [37] Ora, aconteceu, naqueles dias, que ela adoeceu e veio a morrer; e, depois de a lavarem, puseram-na no cenáculo. [38] Como Lida era perto de Jope, ouvindo os discípulos que Pedro estava ali, enviaram-lhe dois homens que lhe pedissem: Não demores em vir ter conosco. [39] Pedro atendeu e foi com eles. Tendo chegado, conduziram-no para o cenáculo; e todas as viúvas o cercaram, chorando e mostrando-lhe túnicas e vestidos que Dorcas fizera enquanto estava com elas. [40] Mas Pedro, tendo feito sair a todos, pondo-se de joelhos, orou; e, voltando-se para o corpo, disse: Tabita, levanta-te! Ela abriu os olhos e, vendo a Pedro, sentou-se. [41] Ele, dando-lhe a mão, levantou-a; e, chamando os santos, especialmente as viúvas, apresentou-a viva. [42] Isto se tornou conhecido por toda Jope, e muitos creram no Senhor.

Imaginemos a cena quando Pedro chegou ao quarto onde Dorcas estava deitada. Não sabemos se Dorcas teve família. Porém, quando morreu, as pessoas a quem ela ajudava, carregaram seu corpo. Também mandaram dois homens para pedir a Pedro que viesse. Evidentemente, Dorcas significava muito para essas pessoas. Seu amor e serviço como costureira a tornaram querida por todos.

O que estes cristãos esperavam de Pedro? A Bíblia não diz, mas alguma coisa eles esperavam. Ele desejavam o consolo para sua dor. Talvez também quisessem um conselho sobre os próximos passos. Talvez, esperassem que Pedro pudesse realizar um milagre, pois por meio do poder de Deus, Pedro tinha feito outros milagres. Qualquer que tenha sido a expectativa, o fato de mandarem buscar um homem de Deus, demonstra o grande respeito e fé no Deus em que Dorcas confiava.

Dorcas: ressuscitada pelo poder de Deus

Ao chegar, Pedro avaliou a situação. Ele pediu para que os presentes saíssem do quarto para poder estar a sós com Deus. Não sabemos o que ele orou nem o que pediu a Deus para fazer, mas, Deus operou um milagre e ressuscitou a vida de Dorcas.

Quando Dorcas abriu os olhos e se levantou, Pedro levou-a até as pessoas que choravam sua morte. Rapidamente, a cena mudou e as lágrimas dessas pessoas foram convertidas em gritos de alegria.

As pessoas mais próximas de Dorcas foram grandemente abençoadas pelo que Deus fez na vida dela. Mas a bênção não parou por ali. O livro de Atos 9:42 relata que o milagre se espalhou por todas as partes e muitos creram no Senhor. A igreja primitiva cresceu em número, mas ainda mais importante, tenho certeza — a fé em Deus e Seu poder também cresceu sobremaneira.

Pensamentos finais

Felizmente, Deus incluiu a vida de Dorcas em Sua Palavra. Ela foi descrita como uma mulher notável pelas boas obras. Ela ajudava os necessitados que, de outro modo, poderiam ter sido esquecidos.

As atividades de Dorcas nos lembram das palavras de Jesus no livro de Mateus 25:40: *O Rei, respondendo, lhes dirá: Em verdade vos afirmo que, sempre que o fizestes a um destes meus pequeninos irmãos, a mim o fizestes.*

Alguém precisa de sua ajuda hoje? Talvez nós não saibamos costurar como Dorcas. Algumas, talvez, sejam capazes de preparar o alimento para uma família necessitada, ajudar a limpar a casa, oferecer-se para cuidar dos filhos de alguém para que a mãe tenha um pouco de descanso, ensinar alunos, ensinar música, visitar alguém no hospital ou ler para um deficiente visual. A lista de como podemos ajudar outras pessoas é interminável, limitada somente por nossa imaginação. Peça a Deus para mostrar-lhe o que você pode fazer e como Dorcas — faça-o!

Tópicos para discussão

1. Por que Deus incluiu esta história na Bíblia?
2. Mencione três lições que podemos aprender com a vida de Dorcas.
3. Descreva o milagre que Deus realizou na vida de Dorcas. Por que Deus a ressuscitou?
4. Liste o nome de cinco pessoas que você pode ajudar. De que maneira e como planeja *fazê-lo?*
5. É importante ajudar as pessoas que nos rodeiam, por quê?

Capítulo 16

Rode
A serva perseverante

Em Sua Palavra, Deus apresenta a vida de mulheres que acharíamos valiosas, mas também relata sobre aquelas que chamaríamos insignificantes. Este capítulo descreve a vida da jovem serva — Rode. Ela trabalhava na casa de Maria, mãe de João Marcos, escritor do Evangelho de Marcos. O nome Rode significa *rosa*. A história de Rode começa quando atendeu um chamado à porta durante a noite.

Antecedentes

Durante esta época da história da Igreja, os cristãos eram perseguidos. Maria ao que parece, tinha um lar espaçoso, onde os cristãos de Jerusalém se reuniam frequentemente para adorar e orar. Naquela noite, em particular, estavam em fervente oração por Pedro, que se encontrava preso. Havia uma forte probabilidade de que Pedro fosse executado no dia seguinte porque o rei Herodes já havia ordenado a morte do apóstolo Tiago.

Enquanto os cristãos estavam orando, o Senhor enviou um anjo que ajudou Pedro a escapar da prisão. Quando Pedro andava pelas ruas de Jerusalém, foi direto à casa de Maria, e bateu à sua porta e Rode foi atendê-la. Ao reconhecer a voz de Pedro, sentiu grande emoção a ponto de esquecer-se de abrir a porta e deixá-lo entrar. O relato encontra-se no livro de Atos 12:3-16:

> ³Vendo ser isto agradável aos judeus, prosseguiu, prendendo também a Pedro. E eram os dias dos pães asmos. ⁴Tendo-o feito prender, lançou-o no cárcere, entregando-o a quatro escoltas de quatro soldados cada uma, para o guardarem, tencionando apresentá-lo ao povo depois da Páscoa. ⁵Pedro, pois, estava guardado no cárcere; mas havia oração incessante a Deus por parte da igreja a favor dele. ⁶Quando Herodes estava para apresentá-lo, naquela mesma noite, Pedro dormia entre dois soldados, acorrentado com duas cadeias, e sentinelas à porta guardavam o cárcere. ⁷Eis, porém, que sobreveio um anjo do Senhor, e uma luz iluminou a prisão; e, tocando ele o lado de Pedro, o despertou, dizendo: Levanta-te depressa! Então, as cadeias caíram-lhe das mãos. ⁸Disse-lhe o anjo: Cinge-te e calça as sandálias. E ele assim o fez. Disse-lhe mais: Põe a capa e segue-me. ⁹Então, saindo, o seguia, não sabendo que

era real o que se fazia por meio do anjo; parecia-lhe, antes, uma visão. ¹⁰Depois de terem passado a primeira e a segunda sentinela, chegaram ao portão de ferro que dava para a cidade, o qual se lhes abriu automaticamente; e, saindo, enveredaram por uma rua, e logo adiante o anjo se apartou dele. ¹¹Então, Pedro, caindo em si, disse: Agora, sei, verdadeiramente, que o Senhor enviou o seu anjo e me livrou da mão de Herodes e de toda a expectativa do povo judaico. ¹²Considerando ele a sua situação, resolveu ir à casa de Maria, mãe de João, cognominado Marcos, onde muitas pessoas estavam congregadas e oravam. ¹³Quando ele bateu ao postigo do portão, veio uma criada, chamada Rode, ver quem era; ¹⁴reconhecendo a voz de Pedro, tão alegre ficou, que nem o fez entrar, mas voltou correndo para anunciar que Pedro estava junto do portão. ¹⁵Eles lhe disseram: Estás louca. Ela, porém, persistia em afirmar que assim era. Então, disseram: É o seu anjo. ¹⁶Entretanto, Pedro continuava batendo; então, eles abriram, viram-no e ficaram atônitos.

A parte de Deus e a nossa

Deus realizou um milagre ao tirar Pedro do cárcere. No entanto, não abriu milagrosamente a porta da casa de Maria para que ele entrasse. Isto ilustra o princípio chamado *cooperação divino--humana* que significa que Deus frequentemente ajuda as pessoas quando não podem fazer nada para ajudar a si mesmas. Porém, existem algumas coisas que Deus espera que os seres humanos façam por si mesmos. Nesta situação, as pessoas dentro da casa estavam plenamente capacitadas para abrir a porta, assim Deus não fez isto por eles.

O temor e a incredulidade provocaram a demora para abrir a porta a Pedro. Poderia ter sido uma situação perigosa se os soldados o tivessem reconhecido. Eles e os outros cristãos reunidos na mesma casa poderiam ter sido presos. Perceba que não foi a incredulidade de Rode que provocou a demora em abrir a porta para Pedro. Rode reconheceu que Deus havia ouvido as orações e correu a contar aos outros. Contudo, os idosos presentes recusaram-se a crer nas palavras da jovem serva.

Rode demonstrou duas características que precisamos em nossas vidas: alegria e persistência.

Alegria frente à resposta de oração

Ela se alegrou profundamente ao reconhecer que Deus havia respondido às orações do grupo. Rode reconheceu a voz de Pedro, então sabemos que ele deve ter falado com ela enquanto batia à porta. Rode estava tão contente e entusiasmada que interrompeu a reunião de oração dos que oravam para anunciar que a resposta de suas orações se encontrava diante da porta.

Por que ela estava tão feliz? Para sentir tanta alegria com aquela resposta de oração, certamente, ela também estava orando pela libertação de Pedro.

Perseverança

Apesar de ser somente uma serva, Rode ignorou a zombaria das pessoas e insistiu que Pedro estava à porta. Foram os outros que não acreditavam que Deus responderia tão rápido suas orações!

Quando ouviram as palavras de Rode, os outros cristãos acusaram-na de estar louca. Depois disseram que ela deveria ter visto *seu anjo*. Mas Rode insistiu que era Pedro, com certeza, que estava à porta. Foi só quando ouviram Pedro que, insistentemente, batia à porta que foram abrir-lhe e deixaram-no entrar.

Pensamentos finais

Às vezes, quando enfrentamos forte oposição, parece mais fácil ceder, mesmo quando conhecemos a verdade. Entretanto, esse é o tempo de manter-se firme. Também é fácil surpreender-se quando Deus responde nossas orações. Precisamos ser agradecidas por termos um Pai Celestial paciente que ainda nos ama e responde nossas orações, apesar das nossas incredulidades.

A alegria de Rode no Senhor e a força de caráter para permanecer fiel à verdade eram de suma importância para a igreja primitiva. Estes mesmos atributos são muitos valiosos hoje e devem ser parte de nossas vidas.

Apreciemos as qualidades em outros cristãos, mesmo se pertencerem a diferentes classes sociais. Rode era apenas uma garota cujo trabalho era servir os outros. No entanto, foi a primeira a ouvir a voz de Pedro e espalhar a notícia de que Deus havia respondido as orações daquele grupo.

Deus ainda hoje responde orações! A próxima vez que Ele responder as suas orações, não se surpreenda. Lembre-se de agradecer-lhe. Jesus nos dá a seguinte promessa no livro de 1 João 5:14-15:

¹⁴E esta é a confiança que temos para com ele: que, se pedirmos alguma coisa segundo a sua vontade, ele nos ouve. ¹⁵E, se sabemos que ele nos ouve quanto ao que lhe pedimos, estamos certos de que obtemos os pedidos que lhe temos feito.

Tópicos para discussão

1. Quais as informações que a Bíblia dá sobre Rode?
2. Por que Pedro estava batendo à porta?
3. Explique o princípio de que Deus faz Sua parte, enquanto o homem faz o que está ao seu próprio alcance.
4. De que maneira Rode auxiliou a igreja primitiva?
5. Como você reage quando Deus responde suas orações?

Capítulo 17

Lídia
A mulher de negócios

Neste capítulo, discutiremos sobre uma mulher chamada Lídia. Ela era conhecida por duas razões: era uma mulher de negócios bem-sucedida e também hospitaleira.

Antecedentes

Lídia era da cidade de Tiatira, localizada ao oeste da Ásia Menor, hoje conhecida como Turquia. Naquela época, Tiatira era um centro comercial. Lídia tinha seu próprio negócio, era vendedora de tecidos de púrpura, uma cor muito cara devido ao seu complicado processo de tingimento. Provavelmente, Lídia era rica, bem-sucedida e influente. O apóstolo Paulo — autor do livro de Atos — Silas e Lucas viajavam juntos quando chegaram à cidade de Filipos, onde conheceram Lídia. Apesar de ser originalmente de Tiatira, quando conheceu Paulo, possuía uma casa em Filipos (no continente europeu). Lemos a história no livro de Atos 16:13-15.

> [13]No sábado, saímos da cidade para junto do rio, onde nos pareceu haver um lugar de oração; e, assentando-nos, falamos às mulheres que para ali tinham concorrido. [14]Certa mulher, chamada Lídia, da cidade de Tiatira, vendedora de púrpura, temente a Deus, nos escutava; o Senhor lhe abriu o coração para atender às coisas que Paulo dizia. [15]Depois de ser batizada, ela e toda a sua casa, nos rogou, dizendo: Se julgais que eu sou fiel ao Senhor, entrai em minha casa e aí ficai. E nos constrangeu a isso.

Por que Deus incluiu Lídia na Bíblia? Por que ela deve ser um exemplo para nós? Sabemos pouco de seus antecedentes e sua família. Quando Paulo a conheceu, era uma próspera mulher de negócios.

O coração generoso de Lídia

No entanto, há outras informações sobre ela. Lídia era uma pessoa cujo coração se abriu para as coisas de Deus. No livro de Atos 16:14 está escrito que o Senhor abriu seu coração. Sabemos que Deus não força que o aceitemos, portanto, Lídia devia estar disposta a permitir que o Senhor trabalhasse em sua vida. Seu coração disponível, não somente ajudou-a ouvir o que Paulo tinha a dizer, mas também a reagir aceitando as boas-novas acerca de Jesus Cristo.

Onde estava Lídia quando *o Senhor lhe abriu o coração?* Era um dia de descanso, o sábado, dia de adoração dos judeus, e

Lídia se encontrava no mesmo lugar onde todas as mulheres se reuniam para orar. Ela se encontrava no lugar certo, no momento certo. Talvez algumas de nós não escutamos a voz de Deus por não assistir os cultos, estudo bíblico e reuniões de oração. O livro de Hebreus 10:25 adverte os cristãos para que não deixem de viver em comunhão.

O livro de Atos 16:14 também descreve Lídia como uma mulher *temente a Deus*. Ela buscava a verdade, porque tinha anseio em adorar a Deus. No livro de Jeremias 29:13 lemos esta promessa: *Buscar-me-eis e me achareis quando me buscardes de todo o vosso coração*. Lídia o buscava, e Deus orientou Paulo ao lugar exato onde as mulheres oravam.

Lídia precisava afastar-se de seus negócios para orar. Hoje, também, é necessário tempo para ouvir Deus. Você se dispõe a investir esse tempo? Talvez o seu negócio bem-sucedido ocupe a maior parte de seu tempo. Ou talvez, você esteja trabalhando bastante para ganhar o sustento e não tem muito tempo para adorar a Deus. Seus estudos, suas responsabilidades familiares ou milhares de outras atividades preenchem seu dia. Como Lídia, você e eu devemos investir tempo para ouvir o que Deus está falando.

O testemunho de Lídia

Após a conversão de Lídia, ela imediatamente deu testemunho público de sua fé no Senhor Jesus Cristo. Ela e toda sua família foram batizadas (Atos 16:15). O apóstolo Paulo explica o significado do batismo no livro de Romanos 6:4-5:

⁴Fomos, pois, sepultados com ele na morte pelo
batismo; para que, como Cristo foi ressuscitado dentre

os mortos pela glória do Pai, assim também andemos nós em novidade de vida. ⁵Porque, se fomos unidos com ele na semelhança da sua morte, certamente, o seremos também na semelhança da sua ressurreição,

O batismo não salva a pessoa da condenação eterna. É uma manifestação externa do relacionamento íntimo do cristão com Jesus Cristo. O batismo é um símbolo: o cristão é imerso na água para representar a morte e o sepultamento de Cristo, e logo que é levantado das águas, representa a ressurreição de Cristo dentre os mortos.

Muitas vezes, lemos no livro de Atos, que determinada pessoa *creu e foi batizada*. Os primeiros cristãos, como Lídia, deram o exemplo. Se você aceitou Jesus como seu Salvador pessoal, deveria batizar-se. Ao agir assim, você demonstra publicamente a sua obediência à ordem de nosso Senhor e o seu desejo de viver para Jesus, a todos que assistem o seu batismo.

Lídia demonstrou grande entusiasmo com sua fé e serviço ao Senhor. Qual nossa reação quando Deus satisfaz nossos desejos mais íntimos e responde nossas orações, sejam elas grandes ou pequenas? Algumas de nós reservamos estas alegrias para nós mesmas. Devemos compartilhar o que Deus está fazendo em nossas vidas, especialmente com aqueles que nos cercam? Jesus falou seriamente sobre este tema no livro de Mateus 10:32-33:

³²Portanto, todo aquele que me confessar diante dos homens, também eu o confessarei diante de meu Pai, que está nos céus; ³³mas aquele que me negar diante

dos homens, também eu o negarei diante de meu Pai, que está nos céus.

Deus abençoou o testemunho público de Lídia. Ela foi considerada a primeira pessoa que se converteu com o resultado da obra missionária de Paulo na Europa, e Deus permitiu que fosse uma mulher!

O lar disponível de Lídia

O livro de Atos 16:15 relata que Lídia rogou a Paulo e seus companheiros que se hospedassem em sua casa. O capítulo 16 continua dizendo-nos o que aconteceu com Paulo e Silas enquanto estiveram em Filipos. Em Atos 16:23 lemos que foram severamente açoitados e lançados na prisão. O carcereiro recebeu instruções para vigiá-los com cuidado. Eles foram colocados no cárcere interior e tiveram os pés presos no tronco. Durante a noite, Paulo e Silas oravam e cantavam hinos a Deus. Por seu testemunho no cárcere, o carcereiro perguntou: ...*que devo fazer para que seja salvo?* (Atos 16:30). A resposta de Paulo em Atos 16:31 explica claramente de que maneira uma pessoa pode receber a salvação: *Responderam-lhe: Crê no Senhor Jesus e serás salvo, tu e tua casa.*

Quando Paulo e Silas foram soltos da prisão, voltaram para a casa de Lídia. Outra vez ela abriu sua casa e os atendeu. Ela não estava de modo algum envergonhada em receber estes homens de Deus em seu lar, apesar de terem acabado de ser libertos da prisão.

Lídia não parou de trabalhar quando se tornou cristã. Provavelmente ela conhecia muitos comerciantes e empresários de outras partes do mundo, mas, Paulo e Silas eram muito mais importantes para ela do que os negócios. Ela não negou sua ajuda por temor que a presença deles atrapalhasse seus negócios. Deus sempre suprirá nossas necessidades se o colocarmos em primeiro lugar em nossas vidas. Em Mateus 6:33 Jesus disse: ...*buscai, pois, em primeiro lugar, o seu reino e a sua justiça, e todas estas coisas vos serão acrescentadas.*

Lemos a seguinte promessa em Filipenses 4:19: *E o meu Deus, segundo a sua riqueza em glória, há de suprir, em Cristo Jesus, cada uma de vossas necessidades.*

Pensamentos finais

O apóstolo Paulo teve um papel importante na história de Lídia. Foi sensível à direção do Espírito Santo e obedeceu a Deus. Dirigiu-se ao lugar de oração e falou com as mulheres ali reunidas. Muitas vidas foram mudadas devido ao ensinamento de Paulo.

Agora, precisamos nos perguntar: "Sou sensível ao Espírito Santo? Sou obediente à liderança de Deus em minha própria vida? Conheço Sua palavra o suficiente para reconhecer sua direção? Em Efésios 5:17, Paulo diz: *Por esta razão, não vos torneis insensatos, mas procurai compreender qual a vontade do Senhor.*

A única maneira de compreender a vontade de Deus é ler e meditar em Sua Palavra.

Talvez você sinta que Deus está lhe dizendo algo. Verifique se isto está de acordo com a Palavra de Deus. O Pai celestial nunca a guiará para fazer algo contrário à Sua Palavra. Quando é evidente o que Deus quer que você faça, siga o exemplo de

Paulo. Não tenha medo ou vergonha em cumprir aquilo que Deus quer. Você nunca sabe quando pode haver alguém, talvez como Lídia, escutando com o coração aberto.

Tópicos para discussão
1. Como Lídia era conhecida?
2. Onde foi o primeiro encontro de Lídia com o apóstolo Paulo? Por que este fato é relevante?
3. Qual a importância do batismo?
4. De que maneira Lídia ajudou Paulo e Silas?
5. Algum momento em sua vida, Deus se revelou a você e supriu suas necessidades? Você compartilhou este testemunho com outras pessoas?

Capítulo 18

Priscila
Esposa e parceira

Quase todas nós admiramos ou respeitamos alguém por sua influência e vida consagrada. Áquila e Priscila provavelmente se sentiam assim sobre o apóstolo Paulo, com quem trabalharam na fabricação de tendas e evangelização. Neste capítulo estudaremos suas vidas.

Áquila e Priscila são sempre mencionados juntos na Bíblia. Nem sempre é possível os casais trabalharem juntos como eles o fizeram. Entretanto, mesmo quando seus trabalhos os separam fisicamente por algumas horas, os casais podem estar unidos espiritualmente. Vemos a história de Áquila e Priscila no livro de Atos 18:1-3:

> ¹Depois disto, deixando Paulo Atenas, partiu para Corinto. ²Lá, encontrou certo judeu chamado

Áquila, natural do Ponto, recentemente chegado da Itália, com Priscila, sua mulher, em vista de ter Cláudio decretado que todos os judeus se retirassem de Roma. Paulo aproximou-se deles. ³E, posto que eram do mesmo ofício, passou a morar com eles e ali trabalhava, pois a profissão deles era fazer tendas.

A Bíblia não especifica como ou quando Áquila e Priscila conheceram ao Senhor. Talvez, eles já conheciam ao Senhor quando Paulo foi visitá-los ou Paulo os conduziu para que aceitassem a Jesus Cristo como seu Salvador. Este casal amava-se mutuamente e também ao Senhor, a quem serviam.

Através de Áquila e Priscila, Deus proveu a comunhão para o apóstolo Paulo. Além de oferecerem companheirismo e amizade, também o ajudaram materialmente, permitindo que se hospedasse em sua casa.

Suas ocupações

Através dos versículos lidos, percebemos que Áquila e Priscila também fabricavam tendas. Não somente estavam casados e amavam ao Senhor, mas também praticavam o mesmo ofício. Eles compartilhavam dos deveres da fabricação e administravam juntos o seu negócio.

O ofício de Paulo era fabricar tendas. Mais adiante, em Atos 18, lemos que Paulo ficou com Áquila e Priscila pelo menos uma parte dos 18 meses que esteve em Corinto. Através de outras referências bíblicas, sabemos que Paulo, às vezes fazia tendas para ganhar dinheiro para o seu sustento diário. Quando Paulo não estava pregando ou ensinando, os três provavelmente conversaram muito sobre seu ofício e seu amor pelo Senhor.

Mestres treinados por Paulo

Enquanto Paulo morava na casa de Áquila e Priscila, podemos imaginar que ouviam seus ensinamentos, observavam sua vida, aprendiam com seu exemplo, e oravam com ele e por ele. Áquila e Priscila lucraram muito, compartilhando seu trabalho com Paulo e sendo hospitaleiros a um dos servos de Deus.

Continuando em Atos 18, lemos que Paulo deixou Corinto e levou Áquila e Priscila com ele. Paulo deixou o casal para trabalhar em Éfeso, enquanto ele seguia viagem sozinho.

Depois dos muitos ensinamentos que Áquila e Priscila receberam de Paulo, eles estavam capacitados para servir a Deus ajudando um homem chamado Apolo. O livro de Atos 18:24-26 relata:

> [24]Nesse meio tempo, chegou a Éfeso um judeu, natural de Alexandria, chamado Apolo, homem eloquente e poderoso nas Escrituras. [25]Era ele instruído no caminho do Senhor; e, sendo fervoroso de espírito, falava e ensinava com precisão a respeito de Jesus, conhecendo apenas o batismo de João. [26]Ele, pois, começou a falar ousadamente na sinagoga. Ouvindo-o, porém, Priscila e Áquila, tomaram-no consigo e, com mais exatidão, lhe expuseram o caminho de Deus.

Existe uma lição muito importante que podemos aprender destes versículos. Áquila e Priscila ouviram Apolo antes de julgá-lo. Eles reconheciam que os seus ensinamentos eram corretos, mesmo que fossem insuficientes para a verdade completa do Evangelho. Entretanto, eles não o criticaram publicamente. A Bíblia diz que o convidaram para ir à sua casa *e com mais exatidão, lhe expuseram o caminho de Deus.*

Quando Paulo escreveu 1 Coríntios, Apolo tornara-se tão conhecido que seu nome era mencionado quando se referiam aos apóstolos Paulo e Pedro, cujos ensinamentos tinham grande valor. As divisões da igreja em Corinto estavam relacionadas com determinados mestres. Paulo corrige essas pessoas em 1 Coríntios 3:4-8 dizendo que o erro estava naqueles que se separaram dos outros, influenciados por ensinamentos humanos, quer fossem de Pedro, de Apolo ou do próprio Paulo. O importante não é o mestre; mas o conteúdo de seu ensinamento.

Apolo tinha grande consideração por Áquila e Priscila por ter lhe explicado o caminho de Deus. Observe como Deus usa as pessoas em Seu serviço. Nem todos podem ser como Paulo ou Apolo. Porém, Deus pode nos usar para ajudar alguém a tornar-se valioso. Os humildes fabricantes de tendas, Áquila e Priscila, enriqueceram grandemente o ministério de Apolo, a quem Deus usou poderosamente nas igrejas primitivas.

Não lemos muito mais acerca de Áquila e Priscila, mas em Romanos 16:3-5, Paulo relata outro aspecto de suas vidas:

> ³Saudai Priscila e Áquila, meus cooperadores em Cristo Jesus, ⁴os quais pela minha vida arriscaram a sua própria cabeça; e isto lhes agradeço, não somente eu, mas também todas as igrejas dos gentios; ⁵saudai igualmente a igreja que se reúne na casa deles. Saudai meu querido Epêneto, primícias da Ásia para Cristo.

Paulo não se esqueceu de seus amigos. Ele sabia que Áquila e Priscila tinham arriscado suas vidas por ele e por amor do Evangelho. Naquela época, a pobreza e a perseguição tornavam quase impossível construir edifícios para as igrejas, como temos hoje, então, os cristãos reuniam-se em suas casas. Um dos riscos que Áquila e Priscila assumiram foi o de ter uma igreja em sua casa. Mais uma vez, vemos este casal unido, desta vez, quanto à utilização de sua moradia.

Pensamentos finais

O que aprendemos com Áquila e Priscila? Em primeiro lugar, que devemos buscar somente o reconhecimento de Deus por nosso serviço a Ele. Não importa se somos *importantes* na igreja, mas se somos fiéis em cumprir a nossa parte, ajudando assim o corpo de Cristo a crescer firmemente.

Outra lição que podemos aprender é com relação ao matrimônio. Eles eram unidos em seu trabalho, hospitalidade, serviço e estudo das Escrituras. Isto não significa que uma mulher casada que tenha habilidade para os negócios ou outras habilidades não deva usá-las. Um marido verdadeiramente unido a sua esposa desejará que ela use os dons que Deus lhe concedeu da melhor maneira possível. Ao encorajar, orar, apoiar e reconhecer publicamente suas boas obras, ele estará construindo uma unidade de espírito com a esposa.

Esta história é sobre um casal e o exemplo que nos dão. Mas não significa que uma mãe solteira ou uma mulher de negócios solteira também não possam realizar-se profissionalmente. Para os nossos dias, algumas palavras de advertência são necessárias, pois há muitos lares destruídos e muitos ciúmes entre casais para ver quem obterá maior atenção e reconhecimento. Acredito que as mulheres casadas devam prestar atenção neste exemplo citado na Bíblia. Algumas mulheres casadas sentem que devem ter o próprio trabalho, reconhecimento e um sentido de realização independente do companheiro. O verdadeiro sentido de realização advém do cumprimento da vontade de Deus, e não por atuar separadamente. Creio que o exemplo de Priscila deve ser observado com atenção, pois ela esteve ao lado de seu marido.

Se você é casada, há unidade em seu casamento? Caso não haja, peça a Deus para afastar o espírito de orgulho e independência. Nossas igrejas seriam mais fortes, se todos os matrimônios cristãos fossem tão unidos quanto o de Priscila e Áquila.

Tópicos para discussão

1. Destaque três maneiras em que o casamento de Priscila e Áquila demonstrava unidade.
2. Como Áquila e Priscila ajudavam o apóstolo Paulo?
3. Em que circunstâncias Deus os usou para ajudar Apolo?
4. Como eles arriscaram suas vidas por amor do evangelho?
5. De que maneira este casamento é exemplo para outros casais?

Capítulo 19

Eunice
Mãe sábia

A BÍBLIA ENSINA CLARAMENTE que os pais têm a responsabilidade de instruir seus filhos no temor e na correção do Senhor. Neste capítulo, observaremos um lar no qual esta responsabilidade foi levada a sério.

Antecedentes

Eunice e sua mãe Lóide são citadas várias vezes na Bíblia, e sempre são mencionadas juntas, provavelmente viviam na mesma casa.

Timóteo, filho de Eunice, morava com a mãe e a avó. Ao estudarmos a vida deste lar onde Timóteo foi criado, peçamos a Deus que nos ajude a ser influência positiva sobre as crianças em nosso círculo de alcance.

A palavra grega Eunice significa *uma vitória boa* ou *feliz*. Embora ela tivesse esse nome, ela era judia, casada com um grego. O amor de Eunice pelo Senhor está relatado no livro de Atos 16:1-3:

> ¹Chegou também a Derbe e a Listra. Havia ali um discípulo chamado Timóteo, filho de uma judia crente, mas de pai grego; ²dele davam bom testemunho os irmãos em Listra e Icônio. ³Quis Paulo que ele fosse em sua companhia e, por isso, circuncidou-o por causa dos judeus daqueles lugares; pois todos sabiam que seu pai era grego.

A Bíblia não nos informa o nome do marido de Eunice, talvez ele já tinha morrido, e Eunice era viúva quando isto foi escrito. Se assim fosse, Eunice educava seu filho sozinha. Por outro lado, sabia-se que o pai de Timóteo era grego, e em nenhuma parte a Bíblia registra seu falecimento. Se estivesse vivo, o lar de Eunice era um lar dividido, com a mãe crendo em Deus e o marido não. Deus é fiel para ajudá-la a ter um lar cristão, mesmo se o seu cônjuge não o for.

Em todo caso, Eunice e sua mãe compartilhavam a importante tarefa de educar cuidadosamente e com sabedoria o jovem Timóteo.

A educação de Timóteo
Seja qual fosse a situação familiar, a Bíblia destaca a educação que Timóteo recebeu. Timóteo, o filho, sua mãe Eunice e sua avó Lóide, constituem um dos trios mais

fortes provenientes da linha materna de qualquer família no Novo Testamento.

O livro de 2 Timóteo 1:5 dá ênfase especial ao caráter de Eunice: *Lembro da sua fé sincera, a mesma fé que a sua avó Lóide e Eunice, a sua mãe, tinham. E tenho a certeza de que é a mesma fé que você tem.*

Esta passagem reflete muito bem as qualidades que Eunice transmitiu a Timóteo e que agradavam a Deus. O Senhor abençoou Eunice usando Timóteo em Sua obra. Não há alegria maior para os pais do que verem seus filhos seguindo e servindo ao Senhor.

O serviço de Timóteo para Deus

Paulo dirigiu-se ao filho de Eunice chamando-o de *amado filho* (2 Timóteo 1:2), pois ele o guiara para o Senhor e o levara como companheiro durante as viagens missionárias e, posteriormente, como pastor em Éfeso. Como Paulo levava Timóteo consigo desde que este era muito jovem, eles compartilhavam de amizade mais intensa, se comparada a outras que Paulo teve.

Eunice preparou seu filho para as responsabilidades por vir. Deve ter sido um dia triste, mas ao mesmo tempo feliz o momento em que Timóteo deixou seu lar para trabalhar com Paulo.

Eunice me faz recordar de outra mulher — Ana; que dedicou seu filho ao serviço de Deus no templo. Ana também preparou seu filho para servir ao Senhor.

Eunice e Lóide devem ter conhecido a história de Ana e Samuel. Elas também devem ter conhecido as palavras do rei Salomão em Provérbios 23:24-25:

²⁴O pai que tem um filho correto e sábio ficará muito feliz e se orgulhará dele. ²⁵Faça que o seu pai se alegre por causa de você; dê à sua mãe esse prazer.

O tributo de Paulo para Eunice e Lóide

Paulo rendeu homenagens à mãe e à avó de Timóteo quando se aproximava o fim de sua vida, como lemos nas cartas escritas no livro de 2 Timóteo 3:10,13-15 . As cartas de Paulo destacam o caráter deles e os ensinamentos que Eunice e Lóide deram a Timóteo:

> ¹⁰Tu, porém, tens seguido, de perto, o meu ensino, procedimento, propósito, fé, longanimidade, amor, perseverança [...] ¹³Mas os homens perversos e impostores irão de mal a pior, enganando e sendo enganados ¹⁴Tu, porém, permanece naquilo que aprendeste e de que foste inteirado, sabendo de quem o aprendeste ¹⁵e que, desde a infância, sabes as sagradas letras, que podem tornar-te sábio para a salvação pela fé em Cristo Jesus.

Pensamentos finais

Podemos aprender muitas lições com Eunice e sua forma de educar seu filho; um deles é o valor dos ensinamentos cristãos no lar e na vida de nossos filhos. O livro de Provérbios apresenta muitos versículos que se referem à educação das crianças:

- *Ensina a criança no caminho em que deve andar, e, ainda quando for velho, não se desviará dele* (Provérbios 22:6).

- *Filho meu, não rejeites a disciplina do* Senhor, *nem te enfades da sua repreensão. Porque o* Senhor *repreende a quem ama, assim como o pai, ao filho a quem quer bem* (Provérbios 3:11-12).
- *O que retém a vara aborrece a seu filho, mas o que o ama, cedo, o disciplina* (Provérbios 13:24).

É necessário tempo, esforço e sabedoria vinda de Deus, para ensinar os filhos. Mães e professores devem considerar a educação das crianças uma prioridade, não permitindo interferências indesejáveis.

Precisamos também compreender que, apesar de Eunice ter educado Timóteo nos caminhos do Senhor, não foi sua fé que o salvou. Timóteo por si mesmo precisou depositar sua confiança em Jesus Cristo para ser salvo do pecado. É muito importante que os pais conduzam seus filhos ao momento de compreensão individual sobre a necessidade da salvação através da fé em Jesus Cristo. Após os filhos terem colocado sua fé e confiança no Senhor como Salvador pessoal, os pais devem ajudá-los a crescer em sua fé e no conhecimento do Senhor Jesus.

Seja você — mãe, avó, tia ou professora —, peça ao Senhor que a ajude a ser um exemplo que guiará a Deus as crianças sob sua influência.

Tópicos para discussão

1. Mencione três razões importantes para ensinarmos princípios cristãos às crianças, desde tenra idade.
2. Onde Eunice aprendeu seus princípios de vida?
3. De que fontes a criança pode receber ensinamentos cristãos fora de seu contexto familiar?

4. Quais os ensinamentos que aprendemos com Eunice?
5. Especifique três maneiras de o seu lar ser um exemplo cristão à sua comunidade.

Capítulo 20

A mulher virtuosa
Provérbios 31

Ao concluirmos nosso estudo, será útil revisar o primeiro capítulo — no qual observamos as características da mulher virtuosa em Provérbios 31. Nós, que amamos o Senhor desejamos ser mulheres que agradam a Deus.

Outro aspecto da mulher virtuosa
Olhando em Provérbios 31:10, encontramos uma pergunta retórica: *Mulher virtuosa, quem a achará? O seu valor muito excede o de finas joias.* Nada mais poderia ser adicionado à beleza deste retrato bíblico de mulher virtuosa. Sua castidade, amor, diligência, eficiência, sinceridade e devoção, sua habilidade para os negócios, são belas características descritas em Provérbios 31:11-31.

A mulher virtuosa

O estudo deste capítulo nos ajudará ao analisarmos nossas vidas e, com o auxílio de Deus poderemos corrigir aspectos que precisam de atenção.

Ela serve bem sua família

O livro de Provérbios 31:11-15 exemplifica a mulher virtuosa:

> ¹¹O coração do seu marido confia nela, e não haverá falta de ganho. ¹²Ela lhe faz bem e não mal, todos os dias da sua vida.

Seu marido tem absoluta confiança nela e não precisa recorrer a outras mulheres para satisfazer-se. Também diz que ela só faz o bem e nunca o mal, não apenas esporadicamente, mas todos os dias de sua vida.

> ¹³Busca lá e linho e de bom grado trabalha com as mãos. ¹⁴É como o navio mercante: de longe traz o seu pão. ¹⁵É ainda noite, e já se levanta, e dá mantimento à sua casa e a tarefa às suas servas

Trabalha alegremente em sua casa, preparando comidas nutritivas e saborosas para sua família. Levanta-se cedo para ter certeza que sua família será bem alimentada.

Estes versículos são usados com bastante frequência para descrever mulheres de negócios que, como muitas mulheres tribais, cuidam do jardim, compram e vendem algodão, lã ou linho; tecem e vendem o que produzem. O papel de uma mulher varia em diferentes partes do mundo, porém, estes versículos parecem incluir todos os estilos de vida, tornando possível toda mulher ser considerada virtuosa, se o seu trabalho for executado com a atitude apropriada.

Ela tem visão para os negócios
Em Provérbios 31:16-18 aprendemos que:

> [16]Examina uma propriedade e adquire-a; planta uma vinha com as rendas do seu trabalho. [17]Cinge os lombos de força e fortalece os braços. [18]Ela percebe que o seu ganho é bom; a sua lâmpada não se apaga de noite.

Esta mulher consegue reconhecer um bom negócio quando o vê. Ela não se vangloria quando faz um bom trabalho, mesmo que tenha exigido muito esforço. A força de seu caráter é vista em sua atitude ao preocupar-se com o futuro e estabilidade de seu lar.

É uma mulher capaz
Provérbios 31:19-24 menciona:

> [19]Estende as mãos ao fuso, mãos que pegam na roca. [20]Abre a mão ao aflito; e ainda a estende ao necessitado. [21]No tocante à sua casa, não teme a neve, pois todos andam vestidos de lã escarlate. [22]Faz para si cobertas, veste-se de linho fino e de púrpura. [23]Seu marido é estimado entre os juízes, quando se assenta com os anciãos da terra. [24]Ela faz roupas de linho fino, e vende-as, e dá cintas aos mercadores.

Sabe fazer roupas para sua família. Ela se preocupa com as pessoas necessitadas ao seu redor. Sua família não é apenas beneficiada com suas habilidades domésticas, suas próprias roupas mostram bom gosto e dignidade. Usa suas capacidades para obter ganhos extras.

É uma mulher de bom caráter

O livro de Provérbios 31:25-31 destaca o seu caráter excepcional:

> [25] A força e a dignidade são os seus vestidos, e, quanto ao dia de amanhã, não tem preocupações.

Em sentido figurado, a Bíblia descreve esta como se ela estivesse adornada de força e dignidade. Por ser bem preparada, não teme o futuro e está plena de alegria e paz interior.

> [26] Fala com sabedoria, e a instrução da bondade está na sua língua. [27] Atende ao bom andamento da sua casa e não come o pão da preguiça. [28] Levantam-se seus filhos e lhe chamam ditosa; seu marido a louva...

A mulher virtuosa cuida da sua língua. Ela não fofoca, mas se expressa com bondade. Seus próprios filhos a elogiam para os amigos, e seu marido a exalta perante os outros.

> [29] Muitas mulheres procedem virtuosamente, mas tu a todas sobrepujas.

Esta passagem indica que há mulheres ao redor do mundo que praticam boas obras, mas a mulher virtuosa descrita, a todas supera, aos olhos de Deus.

A chave de toda a passagem se encontra nos versículos 30 e 31:

> ³⁰Enganosa é a graça, e vã, a formosura, mas a mulher que teme ao SENHOR, essa será louvada.
> ³¹Dai-lhe do fruto das suas mãos, e de público a louvarão as suas obras.

Estes versículos são como um espelho, no qual cada uma de nós pode examinar-se. Somente algumas de nós veremos nossas vidas ali refletidas, no entanto veremos a mulher que lutamos para ser, uma mulher de beleza de espírito e serenidade de alma.

Pensamentos finais

Se você pudesse olhar de relance no espelho de Provérbios 31, como seria sua imagem? A única maneira de sermos verdadeiras mulheres virtuosas é conhecer o único e verdadeiro Deus, e a Jesus Cristo que foi enviado para ser o nosso Salvador. O amor de Deus é tão grande que concedeu-nos o Seu melhor. Entregou Seu único Filho para que não perecêssemos e, sim, tivéssemos vida eterna. Jesus Cristo nos amou tanto que deu Sua vida sobre a cruz por nossos pecados. Ele não somente morreu, mas Deus o ressuscitou dentre os mortos. E porque Ele vive você também pode viver eternamente. Se você deseja este gozo e paz que somente Ele oferece, confesse seu pecado e creia nele, recebendo Jesus como seu Salvador.

Talvez, você já confie em Jesus Cristo. Se este for o caso, gostaria de lhe dizer que o segredo em ser uma mulher virtuosa, fundamenta-se no constante relacionamento com o Senhor Jesus Cristo. A mulher que o conhece e ama, será louvada — quem sabe, não por este mundo, mas por Deus.

Minha oração é que agradeçamos a Deus pela maneira como Sua Palavra fala às mulheres. Somos importantes para Ele. Deus aceitará aquilo que damos a Ele; nosso tempo, dinheiro, nossos dons e talentos, e nos abençoará.

Antes de encerrar este livro, renovemos nossa dedicação a Deus e apresentemos nossas vidas ao Senhor, como um sacrifício vivo para cumprir o que diz no livro de Romanos 12:1: *Rogo-vos, pois, irmãos, pelas misericórdias de Deus, que apresenteis o vosso corpo por sacrifício vivo, santo e agradável a Deus, que é o vosso culto racional.* Fazendo isto, podemos confiar que Ele nos abençoará e nos usará para Sua glória!

Temas para discussão
1. Por que é tão difícil encontrar uma mulher virtuosa?
2. De acordo com a Bíblia, como ela serve sua família?
3. É incorreto uma mulher ganhar dinheiro?
4. Quais qualidades de caráter são abordadas neste capítulo?
5. De que maneira a verdadeira ou falsa beleza da mulher representa o seu relacionamento com o Senhor?